U0368068

销售员情商提升
10大攻略

轻松掌握打动人心的销售技巧

桂兰顺———著

化学工业出版社

·北京·

优秀的销售人员之所以能取得高额销售业绩，赢得良好的客户口碑，不只要有超强的智商，还要有极高的情商。优秀的人一般都有很高的智商和情商。人的高情商包括很多方面，如对自我的客观认识和评价，具有良好的人格品质，能很好地控制不良情绪、情感，面对困难、挫折有积极的应对态度等。

本书紧紧围绕销售人员情商的提升展开，全面阐述了销售员情商集中体现的10个方面及培养和训练之道。内容包括销售人员自信的培养、销售人员陷入困境时如何及时调整心态、销售人员自我管理能力提升、销售人员良好沟通能力的养成、销售人员的谈判技巧和注意事项、销售人员社交能力提升技巧、销售人员细微观察能力的提升、销售人员精准的客户心理分析能力、销售人员的营销推广方法和技巧、销售人员售后服务意识的强化和售后问题解决能力的提升。

本书有助于销售人员树立情商销售的意识，充分开发自己的情商资源，并利用情商提高自己，突破自己，取得更好的业绩，成为一名优秀的销售员。

图书在版编目（CIP）数据

销售员情商提升 10 大攻略：轻松掌握打动人心的销售技巧 / 桂兰顺著. — 北京：化学工业出版社，2020.1

ISBN 978-7-122-35417-4

Ⅰ. ①销… Ⅱ. ①桂… Ⅲ. ①销售 – 商业心理学 Ⅳ. ①F713.55

中国版本图书馆 CIP 数据核字（2019）第 231553 号

责任编辑：卢萌萌　　　　　　　　　美术编辑：王晓宇
责任校对：宋　夏　　　　　　　　　装帧设计：水长流文化

出版发行：化学工业出版社（北京市东城区青年湖南街 13 号　邮政编码 100011）
印　　装：天津画中画印刷有限公司
710mm×1000mm　1/16　印张 14　字数 249 千字　2020 年 5 月北京第 1 版第 1 次印刷

购书咨询：010-64518888　　　　　　　　售后服务：010-64518899
网　　址：http://www.cip.com.cn
凡购买本书，如有缺损质量问题，本社销售中心负责调换。

定　价：59.00 元

前言

现在是一个拼情商的时代，谁的情商更高，谁就会取得更大的成功。

就销售人员本身而言，需要高情商。相信每个销售人员都遇到过不少难缠的客户，与这些客户打交道实在是一件费时费力的事情。面对难缠的客户，很多销售人员都习惯把这些客户交给领导、同事帮忙，甚至交给其他老客户"通融"，并自认为能不能搞定全看领导是否提携，看同事是否协助，看客户是否眷顾。其实，这是极其错误的想法，在人的一生中，尽管很多事情的确需要他人帮助，但是这件事情绝不可以。高情商的销售人员也不会这么做，他们会自己去解决问题，通过自己的努力充实自己，提高自己，丰富自己。

就整个销售行业而言，也需要高情商。现在是一个消费者决定需求、消费者主宰市场的时代，更需要高情商销售人员。如果说以往的销售人员是与企业、与产品、与渠道打交道，那么新时代的销售人员更多地是与人、与客户打交道。人是柔性的，是有感情的，仅凭销售硬技巧已经无法满足消费者需求，取而代之的是要增强销售人员自身的软实力——情商，以便与消费者进行更好的情感沟通，带给消费者更好的体验服务，带给商品更大的附加价值。

本书正是按照这样的思路，着重指导销售人员的情商培养和训练。全文分为10章，分别从自信、心态、自我管理能力、沟通能力、处理危机能力、社交能力、观察能力、心理分析能力、业务能力、解决问题的能力及服务意识等方面来阐述。通过本书，读者将学会：

如何建立自信？
如何面对困难、挫折和客户的拒绝？
如何做客户的知己，让客户对自己一见如故？
如何把握客户心理，做一个谈判的主宰者？

如何从客户的一举一动、一笑一颦中获取有用信息？

如何做好现场沟通，不强买强卖也能让客户下单？

如何打破推销过程中遇到的冷场"坚冰"？

如何应对客户提出的各种刁钻问题？

如何为客户提供良好的购买体验和服务？

　　本书紧紧围绕销售与情商这个主题展开，融实践操作与理论知识于一体，语言通俗精练，方法切实可用，分析入木三分，案例指导性强，有助于销售人员快速掌握营销软技巧，让曾经困扰销售人员的沟通问题不复存在。同时本书结构清晰、脉络分明，按照制订销售计划、拜访、磋商、谈判、成交、后期服务等相对完整、系统的营销常规思路行文，非常便于阅读。

　　相信阅读完本书，无论是作为一名普通销售人员、销售经理还是企业市场部、销售部管理人员，抑或是一名普通大众都能对提高自己的情商有所帮助。

　　最后，也感谢各位读者的支持，欢迎多提意见与建议。

目录

第4章

善于沟通：
良好的沟通能力是高情商的直接体现

第5章

巧破谈话僵局：
高情商销售人员陷入尴尬之际的自我救赎技巧

第6章

先做朋友后做交易：
高情商销售人员都善打"情感牌"

第 7 章

微表情：
高情商销售人员个个火眼金睛，明察秋毫

第 8 章

微心理：
高情商销售人员更注重抓客户心理需求

第 1 章

天空无极限：
高情商就是要相信自己，
敢于突破自我

　　自信是一个人成功的重要前提条件，也是高情商的表现。高情商的人都有强大的自信心，做任何事情都会全力以赴，即使再难也不会轻言放弃。做销售也是如此，需要高度自信，敢于突破自我。

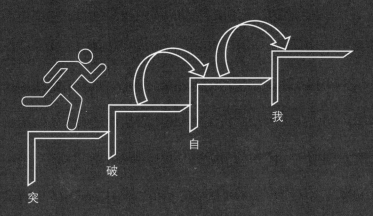

1.1 所有不自信都来自内心的恐惧

许多从事销售的人，当被问到"工作中最大的阻碍是什么？"时，超过50%的人都不约而同地选择了同一个答案——恐惧。这个答案可能会令很多资深销售人员很吃惊，为什么不是缺乏专业知识、推销技巧，而是这么一个看似不是问题的问题呢？

在很多销售人员看来，专业知识、表达能力、推销技巧是做销售的关键，没有专业知识、不精通销售技巧很难做好销售工作。然而，事实证明绝大部分销售人员，尤其是新人，情商低才是失败的根源。

如很多人在面对陌生客户时非常恐惧，非常自卑，究其原因正是大家天天挂在嘴边，却又极少有人深度触及的问题：自信。正是不自信才会有恐惧感，正是不自信才难免会紧张不安。很多人在给客户通话或拜访前总会被如图1-1所示问题困扰。

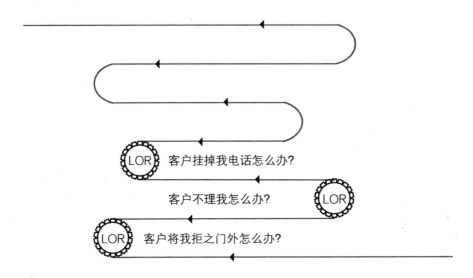

图1-1　销售人员在拜访客户前常被困扰的典型问题

如果你有这样的想法，事实上已经无形地给自己上了一道"枷锁"，即使有丰富的知识，学习了很多技巧也无用，还没等去施展就被束缚住了，就像一个英雄还没上战场就被自己打败一样。所以，自信是在成功之路上迈出的第一步，也是一种高情商的表现，自信是一种信念、一种积极向上的态度和正确的自我认知。

　　成功心理、积极心态的核心就是自信意识，只有深信自己一定能做成某件事，才能积极去行动，最终达到所追求的目标。我们每个人都或多或少地接触过优秀的销售人员，或听说过那些成功的销售人员的故事。他们给人的第一印象一定是充满自信的，无论是表情、手势还是言语都会让人产生一种"相信我没错"的感觉。他们高度自信，对自己有信心，对自己的企业和产品有信心。

　　　　马丁·德·沙菲洛夫，是美国金融界有名的股票经纪人，他的客户都是华尔街的高官、财经界名人等，这些富翁客户每年带给他的收入可高达数千万美元。那么，他是如何说服这些富翁的呢？其秘诀就在于他有岩石般坚定的自信，他始终相信"再成功的人也需要自己的帮助"。

　　　　乔·吉拉德是很多销售人员推崇的偶像，曾连续12年销量蝉联全球第一，平均每天销售6辆汽车。他成功的秘诀除了技巧之外，最主要的就是自信。下面这句话印证了这个结论，他曾说："我最大的秘诀是推销世界上最好的产品！"

　　　　乔·甘多尔佛，世界上最成功的保险销售人员之一，在最辉煌那年，一年签保单超过10亿美元。据他自己讲述："我的成功来源于对产品的信心"。他始终相信自己的产品可以为客户带来利益，为了说服客户，他先给自己买了1000多万美元的保险，每次与客户面谈他都会讲这件事情，很多客户听后也更相信他的产品。

　　当然，自信会受情绪影响，人人都会受情绪影响，即使再自信的人也偶尔会有些自卑或恐惧心理。但高情商的销售人员不会让这种负面情绪肆意蔓延，尤其是在会见客户前会进行很好的自我调节。最常用的方法就是不断暗示自己："我是最棒的""我能行"。这些看似平常的话，却非常能鼓舞人心，使内心强大起来。

　　这些充分说明相信自己才敢于迈出第一步，才能从失败的阴霾中走出来，最终取得巨大的成就。因此，自信是一名优秀销售人员必备的素质之一，有了自信才有利于在推销中建立具有吸引力的气场，从而拥有强大的感召力。尤其是在面对客户的质疑或戒心时，自己首先要相信自己，客户对我们越警惕、越质疑，越要表现得更加自信，让客户不由自主地深受感染。

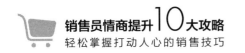
1.2 如果总想着失败，那一定不会成功

常听很多销售人员抱怨："我这样的性格不适合做销售。"似乎很多人习惯上把销售的成败与个人性格挂钩，难道销售也需要有性格？如果有的话，什么样性格的人才适合做销售呢？

大多数人可能认为外向、善于交际的性格才适合做销售，我对此观点不完全赞同，适不适合做销售是相对而言的。性格外向的人，在人际交往上可能更占优势，但绝不代表就能做好销售，就像有的人在这家公司做得不好，换一家公司就得到大大改观；有的人推销这种产品不如意，推销其他的产品则得心应手。

也就是说，性格与销售没有必然联系。每种性格都有自身的优势，重要的是去发现这种优势，并在工作实践中完全发挥出来。曾经遇到一位网友，前来咨询职业生涯规划问题，在谈到职业经历时曾说：

案例 2

大学刚毕业，该网友就进入一家私人贸易公司做销售专员，客户的开发、维护以及其他细节性的工作都是由他自己负责。起初他还有些担心，因为自己是一个特别不善于交际的人，见到陌生人有些害羞。可事实上，他后来做得非常成功，几乎足不出户就能搞定客户，而且合作一直非常顺利。

那么，他的优势在哪儿呢？其实很简单，就是他认真、负责，对客户提的问题也都能耐心解决。由于他办事理性，认真负责，协调性好，只要与他合作的客户，几乎不需要担心后续问题。

这一段经历颠覆了他对"销售"一词的概念，原来销售并不像自己想象的那样，需要经常上门拜访客户，更不用整日在饭桌上、酒桌上搞应酬。

从这位网友的介绍中可以看到，做销售与做其他工作一样，关键点都是找到自己的优势，扬长避短。

长期以来，使我不断进步的力量就是反思，这也是我的人生哲学：每隔一段时间都要从上到下审视一番，在哪些方面做得好，哪些方面还有欠缺，我总会花一到两天的时间去考虑。做销售必须学会自我审视，只有认真地反思才有可能取得进步，只有学会反思才能明确自己的优势。

根据工作、学习、生活、交际等4个方面的不同组合，可将销售人员分为4种级别，决定销售人员级别的4个要素如图1-2所示。

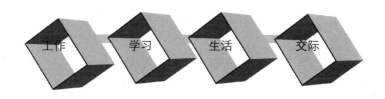

图1-2　决定销售人员级别的4个要素

（1）一级销售人员

特点：工作能力强、学习能力强、生活能力强、交际能力强。

建议：委以重用，重点培养，给予晋升的机会。

（2）二级销售人员

特点：工作能力弱、学习能力强、生活能力强、交际能力弱。

建议：可以多给予一些机会和指点，或者进行培训后再上岗，尽快帮助其提高。

（3）三级销售人员

特点：工作能力强、学习能力低、生活能力低、交际能力强。

建议：属于吃"老本"的人，依靠经验短期内尚可，长期来讲是不思进取类型的。对于这类人可以试用观察。如果经过指引、培训有所改观的话可以留用，反之即可裁掉。

（4）四级销售人员

特点：工作能力低、学习能力低、生活能力低、交际能力低。

建议：建议淘汰。

销售这一工作对人员没有特殊的要求，没有明确规定什么样的人才适合做。重要的是多关注自己的优势，不断学习，提高自己。只有掌握大量知识，才能在面对客户时胸有成竹，自信心也容易被激发出来。一个不为自己的工作做准备的人，就是准备失败的人。

审视自己重在认识到自己的优势，可以把自己的优势、劣势列出来，对照着

仔细看看、仔细想想，总结出哪些优势可以继续发扬，而劣势如何规避，这对提升自己效果很好。

1.3 内心所想，一定会体现在所做的事情上

善谈的人能带动他人侃侃而谈，自信的人能使他人产生自信。在人与人交往的过程中，一个人无时无刻不在影响到另一半，倘若你在充满自信的状态下与客户交往，那么客户肯定也很积极；倘若你以消极的态度对之，那么，客户表现得可能比你还消极。

一个销售人员在推销上能否取得好成绩，能力诚然重要，但是最首要的影响因素还是销售人员本身的心态。没有好的心态，能力就无从谈起。因此，销售人员必须时刻想着成功，用一种积极的心态、必胜的信念去面对客户，抱着"我一定能够成功"的念头去激励自己。

案例 3

井户口健二，日本首席保险推销员，他刚从事保险行业的时候，业绩并不十分突出。为此，他经常告诫自己：一定要坚持下去。每当遇到困难和打击的时候，他就故作快乐，挺胸阔步，在心里激励自己："健二啊健二，切莫泄气，拿出更大的勇气来吧！提起更大的精神来吧！宇宙之宏大，只有你一个如此落寞啊！"

后来，他每次在处理业务之前，都要对自己说："我一定能够卖出去""今天能卖出去，一定卖得出去"。早晨醒来，他做的第一件事情就是不停地暗示自己，出家门后，在路上仍在不断地提醒自己"今天推销一定会成功，无论面对什么客户，无论走到哪里，我都可以把它卖出去"。据他回忆，正是经常进行这样积极的心理暗示，他一天都会很自信，从而给他带来了超群的业绩和辉煌的成就。

加拿大也有一位推销员，他虽然没有井户口健二这么有名气，但是做法与其如出一辙。每天早晨上班前，他都要佩戴一条高级的领带，然后对着镜子说一遍："至少我的领带是最高级的"，或者暗示自己"真见鬼，我今天怎么这么好，以后还会更好的。"然后信心十足地去推销。

也许很多人会说，这不是精神胜利法吗？其实不然，在推销之前对自己进行一番积极的暗示非常必要。从心理学上讲这是一种意念，这种意念会深入人的内心，并形成强有力的力量，令人更加相信自己。千万不要小瞧这种意念的力量，这是获得成功的先决条件。

暗示心理的概念和作用如图1-3所示。

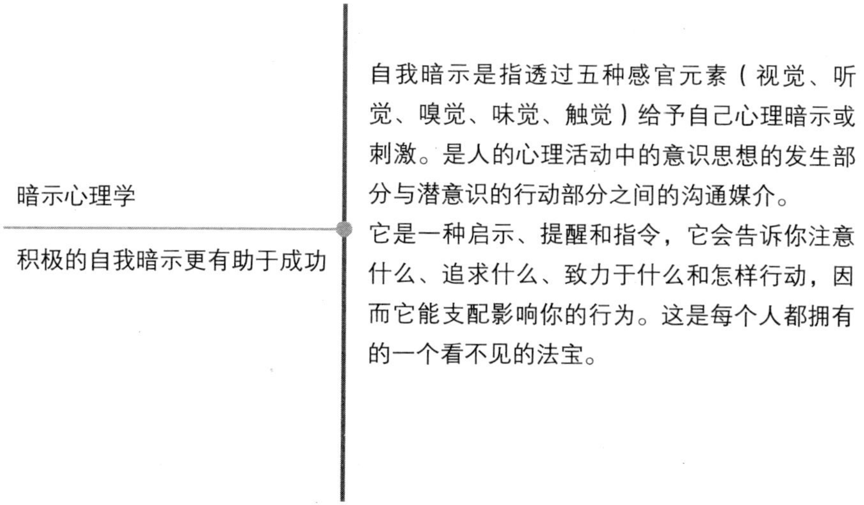

暗示心理学

积极的自我暗示更有助于成功

自我暗示是指透过五种感官元素（视觉、听觉、嗅觉、味觉、触觉）给予自己心理暗示或刺激。是人的心理活动中的意识思想的发生部分与潜意识的行动部分之间的沟通媒介。

它是一种启示、提醒和指令，它会告诉你注意什么、追求什么、致力于什么和怎样行动，因而它能支配影响你的行为。这是每个人都拥有的一个看不见的法宝。

图1-3　暗示心理的概念和作用

就比如你生病了，浑身无力、面部憔悴，即使原本是个很小的感冒，如果你认为自己得的是不治之症，那么你的身体真的会一天比一天差。反之，如果你只把它看作是一种小病，吃点药，或者连药也不吃，靠身体的免疫自愈能力也能康复。

销售也是同样的道理，自信积极和消极应对的不同心态，会产生两种截然不同的结果。自信则人信之，在面对客户时只有充满信心、充满激情，才能顺利做好每一件事情，进而感染客户，影响客户，促使其配合自己的行动。

那么，怎样才能拥有必胜的自信呢？这就需要从日常工作中一点点地做起，从自我做起，找回追求成功的初心。

（1）忘记自己的失败

要怀有一颗空杯之心，不能因曾遇到的困难和挫折而自暴自弃、停滞不前。

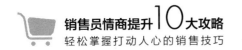

要知道，过去的一切都是过去，成功也好，失败也好，那些证明不了什么，你要做的就是做得更好。

（2）时刻自我激励

自己要善于激励自己，尤其是在遇到困难的时候，可以静静地观察自己身上的每一个地方，或者找个空旷的地方大声喊出自己的名字，然后默默地告诉自己：我是独一无二的，在这世界没有一个人和我完全相同，我有独特的言谈举止，有独特的头脑、心灵，甚至每一根头发都与众不同。

（3）充分展示自己

要大胆地利用一切机会、创造一切条件，充分地展示自己，只要有助于自己发展的东西都应该积极地让它发挥作用。很多人在一件事情上无法取得突破，甚至不敢去做，就是因为被这样或那样的想法、做法所羁绊，不敢展现自己，不敢让他人看到自己的与众不同。一个人的潜力是无穷无尽的，只是没有被挖掘出来而已，我们要告诉自己，从今天起，我要挖掘自己的潜力。

所以，销售人员面对失败和挫折一定要有一个正确的观念，无论是两手空空，还是满载而归，都要有一个自信的、积极的心态，如果老想着失败，一见到客户就心情沮丧，势必会影响到客户。

1.4 不是能力问题，而是态度问题

很多人为什么不愿意做销售？理由可能很多，如行业不景气，自身能力欠缺，不适合做销售等。但我认为不是行业本身原因，更不是自身能力问题，而是态度问题，是他们对企业和产品不自信，对自己不自信。销售工作做起来虽然很难，也并不是每个人都能在这个行业立足，取得好的成就，但态度至关重要。我经常说，凡是能在销售界争得立足之地的人，暂且不论是否取得突出的业绩，哪怕只是月入万元的普通推销员都是了不起的，因为他们都有非常健康的态度。

一个高情商的销售人员会有爆棚的自信心，这种自信不仅仅是对自己有信心，还包括对自己的企业和自己的产品有信心。无论处于什么行业，在什么公司，销售什么产品都要绝对相信自己是最适合这份工作的，自己的企业是最棒的，所销售的产品也能够满足客户的需要。只有相信自己，相信自己的企业，相信自己的产品，才能够真诚地为客户做好推荐，反之很难取得成功。

案例
4

　　我有一次买商业保险的经历，在简单对比了几家保险公司后，确定了两家国内比较知名的保险公司A和B。我先去了一趟A保险公司，A公司的业务员小李将我安排在接待室，然后很礼貌地倒杯水，并开始询问我的需求。我说我想买份重疾险，但对于商业保险不是很了解，让她给我好好介绍一下。

　　小李简单地说了一下重疾险的额度选择、理赔条件等。我听得也是一知半解，就把自己的几点疑虑提了出来，我问她，如果我在异地生活，出了险后能否顺利获得理赔，不出险又是否能如约提出本金和利息，并列举了几个关于保险无法得到理赔的案例。

　　小李听后没有马上回答我，过了一会才说："您放心，我们公司毕竟是国内知名的保险公司，您担心的问题肯定不会出现的。"这种"官方"式的回答，让我听出了她的不自信，以及对企业和产品的不自信，所以象征性地说回去考虑考虑。

　　第二天，我又去了B保险公司，业务员小王马上给我沏了杯热茶，让我先暖和暖和。在我喝茶的时候，她主动向我介绍了公司的主要险种，以及上有附加险等。语气不疾不徐，态度温和，对于像我这种对商业保险一窍不通可又很需要的人来说，她的详细介绍正如雪中送炭，特别容易让人接受。

　　而且在这一过程中她也没有一直向我推荐其他保险，只是闲聊起她自己是如何走上卖保险的路，从怀疑到认可，再到相信保险确实可以帮助到很多人，并举了很多例子。这段闲聊表面上看似与销售毫无关联，但却让我真正意识到，她不是在卖保险，而是在真诚地为需要的人服务。当然，更打动我的是她那份自信，她对自己的自信，对保险及保险带给客户利益的自信，最终我毫不犹豫地在她那里买了4份保险。

　　所以，销售人员一定要充分相信并发自内心地认可自己的产品，否则，不仅会影响自己业绩，更会消耗掉自己的激情。其实，当客户反对意见太多或者犹豫不决时，就说明他不够相信你，不够喜欢你。因为，大部分客户买的不只是产品，还有你的服务态度和服务精神。

总之，做不好销售工作，很多时候不是能力问题，而是态度问题。产品是销售人员打开客户心门的"武器"，如果不爱自己的"武器"，不相信它的威力，又如何让它们发生作用呢？很多销售人员对自己销售的产品怀有成见，挑三拣四。价格太贵的说消费人群偏少，价格太低的又说不够高大上，要么就是质量不过关……似乎比客户还挑剔。这就是严重的不自信，其实任何一款产品的出现都有其存在的价值，而销售人员要做的就是多相信它，找出它的优势，先让自己喜欢上产品，如果连自己都征服不了，又如何说服别人？

1.5　该征服的不是客户，恰恰是自己

很多销售人员遇到难缠的客户，常会狠狠地发誓"我一定要征服××"。其实，该征服的不是客户，而正是自己。试问一下，你的内心是否做到了足够的自信，心境是否足够平静？

销售行业仅仅靠埋头苦干，默默付出是不够的，还需要随时保持热情的态度，哪怕刚刚遭到张三的白眼，李四的痛斥，回过头来也得对王五微笑。优秀的销售人员必须有这种快速转换的能力，适应痛苦与快乐、成功与失败的心理落差，否则就永远不可能成为一名高情商销售人员。

案例
5

我也是从普通的一线销售做起的，刚做销售那时可以说是满腔热情。第一次拜访的客户章某是一个广告公司大老板，当我见到他时，并没有像自己想象的那样受到热情款待，而是面对了一副冷冰冰的脸。当时我就打起了退堂鼓，幸好，又很快调整心态，改变了这个消极的想法，心想：不管怎样，已经见到了客户，何不多了解了解。

在自我激励下，我开始做自我介绍："您好先生！冒昧地打扰一下，我是××股票理财公司的×××，我想您肯定需要一份理财计划……"

还没等我把话讲完，对方就极不耐烦地打断："我不需要，糟糕的

股市已经侵吞我好几十万元，你（们）那么牛发财了没啊？"

这番话让我感到冷飕飕地凉，就像掉进了冰窖里。强忍内心的痛苦，我坚持说："请您听我把话讲完，我认为……"

"对不起，我对理财毫无兴趣！"

"既然这样，我下次再来吧！"就这样，我绝望地离开了。

我走出客户的大门，心灰意冷，路过一个小公园时便坐在石凳上独自发呆，萌发出辞职之意。这时候忽然听到"哎哟"一声，抬头一看，原来是两个正在溜冰场上玩耍的小孩。其中一个不停地摔倒，看样子是初次练习，可这个小孩毫无退缩之意，不断地爬起来，一瘸一拐地继续滑下去。

我走上前去，想扶一把，谁知他连忙后退，摆摆小手说："谢谢，不用扶。"

"难道你不怕疼吗？"

小孩大声说："刚开始摔跤是必需的，我今天是第一天来滑冰，摔几跤很正常啊！爬起来就行了，以后熟练了就会少摔跤了。"

他的话令我茅塞顿开，从中悟出了一个道理：跌倒了，爬起来就是了！小朋友都懂的道理，难道我还比不上小孩子吗？推销就像练习溜冰，被拒绝了不要轻易放弃！最重要的是要全身心投入其中。

第二天一早，我重新去拜访这位曾让我难堪的老板，见到我，对方马上皱起眉头："你怎么又来了？"

"我是专门来向您道歉的！昨天您那么忙我还来打搅，实在对不起！"

对方见我诚恳的样子，也没有再说什么刁难的话。我接着说："先生，我今天来是有一个问题想要请教您。""请教倒不敢当，想问什么？""如果贵公司的员工遇到困难就退缩，您还打算用他吗？"

对方一下子就听出了我的言外之意，问："你怎么看这个问题？"

"我认为任何事情都不能轻易放弃，就像您还没了解我的产品就断然拒绝一样。"

这时，他非常客气地请我坐下，慢慢跟我探讨这个问题，我们俩在办公室里谈了很久，最后他终于决定购买。

这是我推销出去的第一套产品，也让我感受到了销售带来的自信。此后，我得出结论：要想将产品顺利推销出去，必须有自信、有激情，全身心地投入。一个高情商的销售人员在任何时候都不会轻言放弃，唯一可做的就是用自己的诚意去感化客户，让对方意识到你的产品或服务带来的利益，只有这样才能赢得客户的最终信任。

对自己内心的认知是工作的强大动力，如果对自己没有一个正确的认识，就不可能把工作做好，更不可能创造出卓越的业绩。销售人员在征服客户之前，应该先征服自己，问自己是否可以做到以下5个问题，如图1-4所示。

图1-4　销售人员常自问的5个问题

（1）有多热爱自己的工作？

只有从内心深处热爱自己的工作，才甘愿去付出，那些每天都在应付工作的人，无论如何也不会竭尽全力去做。你对销售的热爱程度，决定了你的工作激情有多大。

（2）是把工作当差事还是事业？

工作，在不同的人看来意义不同，有的人把工作当作一项苦差事，想做就做不想做就放弃；有的人把工作当作生存的一种手段，愿意不愿意干都在做；有的人把工作当作一生的事业，可以从中感受到使命感和成就感，为此，宁愿付出自己的时间和精力。

在对待工作的态度上，最常见的是第二种，最理想的状态是第三种，然而第一种人也不在少数。工作的激情与工作的状态是成正比的，你越投入，激情越大。

（3）遇到压力时是如何解决的?

工作不是野餐会，无论你喜不喜欢，都会多多少少地感受到它的压力。我们要做的是学会管理压力和找到有效的途径缓解压力。只有减轻工作压力，才更容易点燃激情。

（4）能否与团队成员和平共处?

如果你常常游离于团队之外，说明你的合作精神不够。一个团队型的人，能与团队成员融洽相处，也一定是个激情四射的人。

自信与外部环境有很大的关系，我们要主动融入企业、团队中，用心感受，认同他们的文化、使命和价值取向，并不断修正和调整自己。

（5）怎么看待那些业绩优秀的同事?

在长期的培训过程中，我发现一个规律，凡是业绩不好的销售人员大多性格孤僻、不善言辞、不懂交际。他们常常把自己圈在自己狭小的情感世界里，不与人交流，从而变得情绪低落，越来越孤独。

我们每一个人都应该多与身边那些有着良好心态、意志坚定的人交流，感受他们积极、自信的一面。作为销售人员，自信始终在影响着自己的心理和行为，如果能够保持自信、积极的态度和饱满的热情，无形中会促使自己处于一种兴奋的状态。

第 2 章

心态决定一切：
高情商就是要有阳光般心态、
能自如地控制情绪

纵观整个销售行业，失业、跳槽的比例之所以居高不下，心态
不稳定是根本原因。心态决定一切，高情商就要有阳光般心态，对
客户热情、真诚，成功时不自傲，失败时不沮丧，积极向上，勇往
直前。

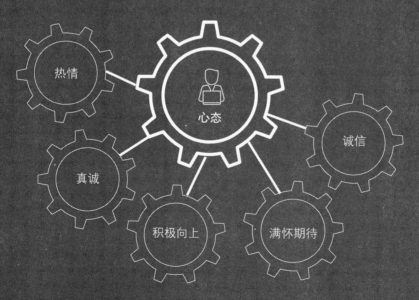

2.1　所谓不稳定往往是缺乏足够的坚持

很多人认为，销售是最不稳定的职业，就整个销售行业而言，失业、跳槽率一直居高不下。为什么会这样？究其根源，没有坚定的信念，心态不稳定是主要原因。事实上，很多人屡屡失败，正是缺乏坚持。

"坚持，是世界上最难做的事。"提到坚持，也许很多人觉得很俗，甚至可能会说：在这快节奏的社会，人人都在讲短、平、快，产品不断迭代更换，营销方式日益创新；约谈客户不用再无休止的发邮件和打电话，视频、直播，全部一键搞定，高效而便捷；客户回访不再挨家挨户拜访，而是缩减成了在微信上的一条条朋友圈信息、社交媒体上的一个个红包。试问，还有多少事情需要坚持呢？

但如果能静下心来认真思考就会发现，无论是花样百出的营销方式，还是形式新颖的社交工具，背后都由人在操作，由人发号施令。有人参与就无法忽略人的因素，坚持和忍耐是人人都应当具有的一种品质。没有坚持，不懂得忍耐，肯定一事无成；能否始终如一地坚持，毫无怨言地忍耐，则是成功与失败的分水岭。

坚持与忍耐，无论对一个人，还是对一个企业都是宝贵的财富。就个人的坚持与忍耐而言，先来看一个小故事。

案例
1

20世纪50、60年代，美国一位心理学家找来一群5~8岁的孩子做实验。他在这些孩子的面前放上一块块小蛋糕，然后告诉孩子们：如果能忍住保证不吃这小块蛋糕，那么他就会得到一块更大的。实验的结果出来后科学家发现，只有少数几个孩子在等待，坚持没吃眼前的蛋糕，绝大部分孩子经不起诱惑，结果坚持没吃蛋糕的孩子得到了大蛋糕。

这位心理学家对这群孩子进行了长达几十年的跟踪调查，结果发现实验中忍住没吃蛋糕的孩子大都取得了不凡的成就和较高的社会地位，而没忍住吃了蛋糕的孩子则生活平庸，有的甚至极其不如意。

个人的成功需要坚持和忍耐，同样，一个企业也需要。

今天，我们都在谈乔布斯，都在谈苹果手机，但有没有想过乔布斯和他的苹果公司之所以如此成功，也是靠坚持和长久的忍耐后才得以爆

发的。苹果手机款款是爆品，但到今天为止品种很少，也就是说，他们几十年的时间一直在坚持做这几款手机，不断尝试，不断改进，结果越做越好，终有一天成为经典。反观有些手机生产企业，缺乏的正是坚持和忍耐，唯快不破，一年就能做出100多款。100多款与苹果手机品种数相比较，数量上占尽了优势，但质量上、知名度上、用户体验上，差得可不是一点。

这两个故事对我们做销售工作很有启发，那就是坚持与忍耐非常重要。无论做事还是做企业，必须要坚持，不断地钻研，做精做细做到极致。越坚持、越难做，成功的机会也越大。把一本书从薄读厚，再从厚读薄，就能明白坚持是最具力量的。

在所有的职业中，销售是最容易受挫、最容易遭受拒绝的工作，也是最容易让人厌倦的工作。很多人一遇到挫折、困难就萌生退却的念头，但往往都是因为缺少控制、缺乏忍耐，从而做出错误选择或错误决定。所以，作为销售人员要学会坚持，学会忍耐，这是最终走向销售成功的一大法宝。

我们来看一个用忍耐为成功铺平道路的案例，这是一个很普通的故事，但这个平淡如水的案例，一定对销售人员有所启发。

案例 2

一家著名企业招聘销售人员时，企业人事经理只粗略地看了一下应聘人员的自荐材料，便推说"电梯坏了"，于是带着几十个应聘者从1楼往位于32楼的办公室爬去。结果大多人不是待在一楼等电梯修好，就是走了一半就放弃了。望着坚持到最后的几位应聘者，人事经理宣布：你们被聘用了——其他人则全部被淘汰。以爬楼梯来考核一个员工是否具有坚持不懈的精神，再合适不过。连几层楼都不愿爬的人，成不了优秀员工，也成不了优秀的销售人员。

学会坚持和忍耐可以使自己的情绪稳定，能够驾驭自己的喜怒哀乐，则百事可做，百事可成。销售如果能成功，一定是基于他足够强大的内心，动不动就受伤、受挫，还为自己的无能找各种借口、理由的销售人员，绝对没有成功的可能。

坚持、忍耐更多的是一种品格，这是高情商的表现，与智商无关。这也是为什么有的销售人员很有能力，业绩却远远落后于其他人。如果你也是这样，千万不要埋怨，最好反省一下：自己是否善始善终地把工作进行到底了？如果不是，这就是失败的原因。

流动性大，已经成为销售行业最大的危机，也是世界性难题。美国某协会做过一项调查，数据分析显示，一个销售人员成功的概率与失败的次数有直接关系，只有坚持不懈地战胜失败，成交概率才会越来越大。

具体数据如图2-1所示。

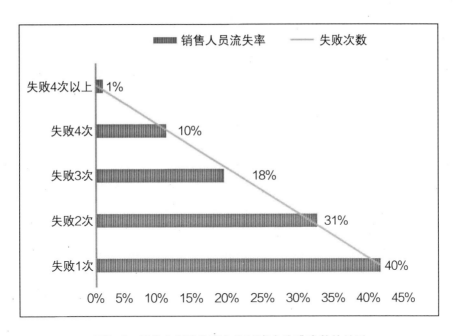

图2-1　销售人员流失率与拜访客户失败次数的关系

40%的销售人员拜访客户失败一次就放弃了；31%的销售人员失败2次后放弃了；18%的销售人员失败3次后放弃了；10%的销售人员失败4次后放弃了：只有1%的销售人员失败4次以上仍在继续，而有证明表明，80%的生意恰恰就是这些1%的销售人员做成的。坚持不懈地付出努力，是优秀销售人员取得良好业绩的不二法门。

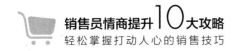

做一点事不难，难的是能够持之以恒地做下去，所以评判一个销售人员业绩是否优良，不能看他所做事情的多少，而要看他最终完成的成就有多少。一个人想干成任何事情，都要能够坚持下去，坚持下去才能取得成功。

坚持是每个销售人员应有的品质，也是顺利完成工作的重要因素。只有经得起风吹雨打和种种考验的人，才是最后的胜利者。因此，不到最后关头，绝不轻言放弃，要一直不断地努力下去，以求取得最后的胜利。

2.2 控制好情绪，别让坏情绪引发坏结果

从生物进化的角度讲，情绪是会传染的，一切与生存相关的本能情绪都是具有传播性的，尤其是负面情绪，一个人的坏情绪会影响到多个人的好心情。有这样一个故事：

案例 3

　　一个小男孩儿心情不好，见到路边的一条小狗便狠狠踢去，小狗受到无端惊吓，狼狈逃窜，见到一个西装革履的老板便汪汪狂吠；心情不好的老板在公司里面对自己的女秘书大发雷霆；女秘书回家后把怨气一股脑撒给了莫名其妙的丈夫；第二天，这位身为教师的丈夫如法炮制，对自己一个不长进的学生一顿臭批；这个挨了训的学生，正是在这之前所说的那个小男孩儿，他怀着一种很恶劣的心情回家了，在回家的路上又碰到了那只小狗，于是他二话不说，又是一脚踹向了那只狗……

同样，作为销售人员，个人情绪也始终在影响着客户的行为。如果能以积极、饱满的情绪去与客户交流，营造一个融洽的气氛，无形中就会促使客户处于一种兴奋的状态。反之，客户的情绪将会抑制，积极性不高，同时也很难做出有利于成交的决定。

保持好的情绪，是一个高情商销售人员必备的素质之一，高情商的销售人员特别善于驾驭自己的情绪，能够释放有益情绪，控制不良情绪。

高情商的销售人员成功的秘诀就是，在与客户交谈的时候，无论处于什么情况，都能保持一个良好的情绪，并且能用自己的激情去感染每位客户。

小云是保险推销员，在她长达两年的推销生涯中，遇到过各种各样非常难缠的客户，甚至有时候客户会对她大吼大叫，但是她仍能面带笑容地去面对。

一天，她去拜访一位纺织厂的老板：

"先生，我是××保险推销员小云……"

客户："又是保险？不就是对面大街上那个吗？几年来，我一直拒绝购买你们的保险，你不知道吗？一定又是新来的吧。"

小云："是，虽然我不知道您为什么一直拒绝，但是，我知道您从来没有认真地去了解一下我们产品，这次可不可以给我一次机会？"

"我已经给过你们机会，但是你们的产品并不能令我满意，你还是回去吧。"

面对客户的拒绝，尽管小云心里很烦、很无奈，但仍很镇静，面带笑容，耐心地听着。等客户把所有的抱怨说完之后，小云缓和了一些："正如您说的，我是第一次拜访您，也许以前您了解过我们的产品，但是我不知道你了解的程度如何？先生，对于您的情况，我也有过一些了解，听说您一直热衷于慈善事业，我认为这就是一个不错的想法。我们公司有一款险种，可以保证您有限的资金投入到无限的慈善事业当中去。"

客户听了小云的话，态度发生了改变，似乎想急切地知道，"那是一种什么保险？"

"这是详细的报告说明，您可以先看看，我们公司一定能为您提供满意的产品。"（自信的说法）

客户："是吗？"（接过说明仔细地看起来）

接下来，足足有10分钟客户都在咨询与业务有关的事情。

这位推销员在客户断然拒绝的情况下，还能激发出客户的谈话兴趣，让客户尽快地融入谈话中来，说明她自我调节的能力十分强，没有被客户的坏情绪影响到。要是别人，口还未开，就受到客户这样一顿奚落，没准会面红耳赤，悄然退下。但小云骨子里有一股强大的勇气，没有退缩，毫不示弱，能够耐心地把话听完。

其实，销售没有什么秘诀，要想获得更好的业绩必须要控制情绪，要用自己的积极情绪营造融洽的谈话气氛，给客户一个好心情，建立客户对自己的信任。让客户拥有好心情，比让他买你的东西要容易很多，而且重要得多。

然而，很多人很难做到带给客户一个好心情，因为在推销时销售人员面对最多的就是客户的拒绝、打击，很多人会情绪低落，斗志不再，并且认为情绪是无法控制的。尽管情绪很难控制，但对销售人员来说必须学会控制，且要善于控制。作为一名销售人员，如果没有控制自己情绪的能力，也就意味着将很难取得成功。

好情绪可以感染人、教育人、鼓舞人，营造出千帆竞发，万马奔腾的浓厚氛围。作为销售人员，在与客户交流时，就要充满激情，抑制客户的坏情绪。同时，在平时的工作中，也要加强自身情绪管理，用激情感染人、凝聚人，把激情带到推销实践中去。

2.3　及时展现真诚，至少让客户不排斥你

每当提起销售工作或销售人员，很多人也许会嗤之以鼻，或不屑一顾，或扔下一句"销售无非就是欺骗和谎言"这样冷冰冰的话。此等态度和言论，的确伤害了很多销售人员的感情，但这并不是客户单方面的问题。很多销售人员缺乏的也正是真诚的态度，虽然面对客户时妙语连珠、温暖如春、口若悬河……但是内心呢？可能正在酝酿着一个大阴谋。

虚情假意换不来订单，千万不要让所谓的小聪明盖过了真诚，反之就会害人害己。

案例
5

2015～2016年间，房地产投资一度很热，当时我也曾有此想法。在对比了几个项目后，锁定了一个在建项目，这个项目无论位置还是交通条件都非常好，于是我便按照预留的电话打了过去。接电话的是一位中介销售人员，他自称代理这个项目，与他进行简单的交流后便会面，与他一起去了售楼处。

售楼小姐介绍完楼盘的情况后，我发现这个项目并没有想象的那么完美，甚至有很多虚假宣传在里面。回来的路上我将这些疑问一一抛给了中介销售人员，而他对我的疑问解答却不真诚，都是虚夸的保证：

"您放心吧，这个开发商和投资商都是本地名气比较大的，而且实力也很强，绝对不会出现您担心的资金不足、房屋质量问题的。"

"而且这个楼盘的地理位置您买了绝对就是赚了，现在购房的人很多，您要是再不决定就没有好朝向了。"

……

在他一顿"狂轰滥炸"后，我最终还是坚持了初心，决定暂时放弃这个项目。

有人说，销售就靠一张嘴，但嘴中的话无法反映一个人的真诚程度。上述案例中的这位中介销售，从他反反复复的话语里，我听出他只想让我尽快交款买房，至于房子本身和我的顾虑他是一概不管的，他在销售时不够真诚，我自然也不会再愿意与他交流。

销售人员的最大诚意不是来源于嘴，而是自己的内心。要能够真诚地为客户着想，要拥有视客户为朋友、知己的一颗真心，要站在客户的角度考虑问题，将"为客户服务"当作己任，拥有真诚为客户服务的情怀。

人和人之间的交往，往往依靠的就是一份真诚，一个人如果没有真诚，谁还愿意和他交往？客户愿意相信你，一定是因为你的真诚打动了他，即使你不是一个能言善辩的人。那么，如何让客户感受到你的真诚呢？有4个交流技巧需要特别注意，如图2-2所示。

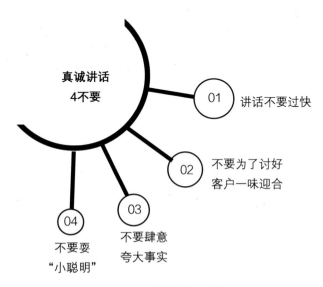

图2-2　真诚讲话4不要

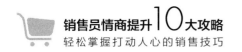

（1）讲话不要过快

销售人员说话速度都比较快，这可能是与急于表达内心想法有关。但事实是说话越快，思考的时间就越少。常常是话说出来了，却没有经过思考，稍有不慎就会说出一些不合时宜的话，客户听到就会对你表示怀疑，轻者解释一下就好，重者就会影响你的销售订单，所以说话前一定要三思而后言。

（2）不要为了讨好客户一味迎合

很多销售人员就怕得罪客户，所以即使和客户之间意见不一致时，也尽量顺着客户的意思说，殊不知，这种行为已经严重影响到了客户对你的信任。当客户向你提出不同看法时，说明他对这款产品已经产生了兴趣，想要了解更多，而销售人员此时应该坚持自己的观点，解除客户的疑问，打消客户的顾虑，而不是一味地迎合客户，顺着客户一会儿说好，一会儿说不好，影响客户的判断。当然，在为客户解惑时，语气上可以缓和一些，不要太尖锐，避免使对方感到困窘。

（3）不要肆意夸大事实

总有些销售人员喜欢夸大事实，吹嘘产品如何如何好，时间一久，这便成了他的习惯，任何事情过于夸张，就成了虚假。

（4）不要耍"小聪明"

有些销售人员为了能尽快达成交易，就想到了让同事帮忙做"掩护"。

仍以上面提到的那次看房经历为例，售楼员一开始说只有三套边户了，当看到客户有点失望时又看似真诚地说："要不您等等，我问其他同事，还有没有清退（别人买完又退了的）房源了。"然后一位同事很快过来，那位同事很惊讶地说："你昨晚没开会吧，昨天有一个刚刚清退下来房源，不过小李（他们的同事）已经订下来了，只是还没交订金。"

这时候，原先的售楼员会马上说："就剩这一套好户型了，如果现在马上交订金，我可以再向领导申请一下，看能否谁先交订金房子就给谁。"

这种招数在销售中经常看到，两人演一个双簧。但客户的眼睛是雪亮的，明白这只是一场戏罢了，同时，这名销售人员的形象在客户心中也会彻底被毁。

2.4 给客户以积极期待，他们才会向你靠拢

很多销售人员常埋怨客户根本不给自己机会，还没开口，就遭到坚决回绝。不知道你想过没有，客户为什么会如此决然地拒绝？一个客户一天也许能接到10个像你这样的推销电话，也许能遇到20个像你这样的推销人员，你们说的话、推销的产品，甚至一举一动也无异，客户能不烦吗？所以，即使你还没说，对方已经知道你要表达什么。

难道是真的不需要吗？不是的，客户讨厌的不是你的产品，而是一波又一波的骚扰。推销时若不采取恰当的方式，就会招致客户的反感。有关心理学研究表明，人们对未知的事物、未知的领域充满好奇心，越不知道的东西越有兴趣去探索。从这个角度来看，推销产品必须要给客户一个积极的期待，在推销产品之前要给对方留一点悬念，让对方感到"似乎还没完""也许有更大的收获"等。

高情商销售人员一开始就会给客户以积极期待，我们来看一个鱼竿与渔船的故事，一位钓鱼爱好者本想去买鱼竿，结果在导购的诱导下租下了一艘渔船。

钓鱼爱好者："给我拿一支小号鱼竿。"

导购顺手拿给了他。

导购："先生，钓鱼真是一个非常好的爱好，修养身心，陶冶情操，您经常去哪钓鱼？"

钓鱼爱好者："这个习惯已经伴随我多年了，我经常去几十里外的浅海滩。"

导购："小鱼竿可很难钓到大鱼啊，何不用大号鱼竿呢？"

客户："浅海边大多数是小鱼，很难遇到大鱼。"

导购："何不试试去深海处钓大鱼，别有一番体验。"

钓鱼爱好者："那就给我来支大号的吧。"

导购："我们很多爱好者都会自驾渔船去深海，我建议您还可以自驾船去，平时带着一家人、朋友去深海，肯定会有不一样的感觉。"

钓鱼爱好者："你们这还有渔船？"

> 导购："是啊，您看这类的特适合一家人出游垂钓，船长8米，带有两个发动机，足可以容纳5个人。不过我们的渔船是向外租的，一年××元，办一张会员卡还有优惠，持卡随时可以来玩。"
>
> 就这样，在导购的劝说下，这位钓鱼爱好者办理了一张年卡。

这位导购之所以轻松地租出去了一艘渔船的1年使用权，最关键的就是他不断地为客户制造悬念，给客户以更好的期待。先是推荐客户深海钓鱼，后又抛出办卡享优惠，这些措施都在一定程度上强化了客户内心的期待。

强化客户内心期待说起来容易，但很多销售人员却无法做到这一点。在这里就分析一下，为什么无法做到？这与销售人员自身有很大的关系，很多人推销时把自己放在一个被动的处境，如果再遭到客户拒绝就更无"反击"的机会。那么，作为一个销售人员该如何做呢？这时可从以下两点入手，如图2-3所示。

给客户以积极的心理暗示

向客户展现产品能带来的最大利益

图2-3　增强客户内心期待的两个要点

（1）给客户以积极的心理暗示

销售人员的被动处境与自身的心理状态紧密相关，如有的人把推销理解为求人办事，看客户的脸色，听客户摆布。这样在面对客户的时候，很难给自己一种积极的心理暗示，也很难把积极的心理暗示转变为行动传递给客户。正确的态度是，"我在为客户服务，我在为客户创造更大的价值"，以自己的积极、主动、真诚的态度给客户以一个充满希望的期待。

（2）向客户展现产品能带来的最大利益

推销产品的核心是向客户展现能够带来的利益，销售人员除了坚信自己的产品能够给客户带来利益，还要让客户切实体验到这种利益。在推销时，自己的产品比别人的好，就一定要让客户明确地知道。可以提炼一个或两个特定的"卖点"，即要体现出"产品的最大优点"，要做到"人无我有，人有我优，人优我专"。通过展现自己的产品优势，规避别人的优势，来引导客户去购买。

2.5 保持诚信，为人格注入最强劲的吸引力

早在几千年前，孔子就说过"无信不立"，不讲诚信的人很难在社会立足。日本著名企业家松下幸之助也曾说，"诚信既是无形的力量，也是无形的财富"。同样，在销售行业，诚信也非常重要，诚信是一个销售人员最大的资本，任何时候都必须以诚待人。

销售人员的每一句话都深深地影响着客户，对客户来讲都是一种承诺。因为这种承诺，客户才尊重你，相信你，成为你的长期合作伙伴。然而，很多销售人员却意识不到这一点，头脑中时时刻刻有"宰客户"的想法。尤其是遇到那些大客户时，他们通常不为长远利益着想，只是希望在他们身上狠狠赚上一笔。"宰客户"也许暂时可以获得可观的利润，但要知道，你失去的远远要比获得的多，因为你把做销售的最大资本——诚信丢了。

很多客户接受你的推销，尤其是初次做交易，其实都是对你本人的信任。如果不讲诚信就等于直接失去了客户，久而久之便没人愿意与你交往做生意。要想做到诚信，至少要坚持两个原则，如图2-4所示。

实事求是，从实际出发

遵守承诺，答应的事情要兑现

图2-4 讲诚信的两个原则

（1）实事求是，从实际出发

客户需求是多样的，是个性化的，任何产品都不可能同时满足客户所有的需求。但为了迎合客户，很多销售人员会将产品描述成万能型的，最大限度地突出产品亮点，以更多的优势来夺客户眼球。

为促进销售，突出介绍产品优点无可厚非，但是，很多销售人员却夸大其词，偏离了事实，甚至为了抓住客户的眼球，不惜不讲诚信，随意夸大自己的服务和产品优势，而对相应的缺点则故意隐瞒。

很多销售人员自以为自己做得天衣无缝，殊不知，聪明反被聪明误。世界上没有完美的产品，如果一味地把产品描述得十分完美、毫无瑕疵，即使说得天花乱坠，也很难令客户信服，只要客户感到你言过其实，那这场生意基本就宣告结束了。

（2）遵守承诺，答应的事情要兑现

有的销售人员为了取悦客户，会随便向客户做承诺，当兑现时却不会去很好地履行，以至于让客户的期望落空。这是最令客户无法接受的事情，最终会导致客户对你产生反感，这时，你在客户心中的诚信度也会随之下降。

随便向客户做承诺，最终却无法履行，只会落个捡了芝麻丢西瓜的后果。对于一个销售人员来讲，在做出承诺之前，必须要谨慎。自己能做到的就承诺，做了承诺要尽快履行；做不到的，多余的话则不要随便说。

做销售就像细水长流，需要讲诚信，讲诚信才能与客户间建立长久的关系。千万不要有"宰客户"的想法，作为销售人员，只有用合理的价格和诚信的沟通才留得住客户。只有让客户感到放心，对方才敢把业务交给你，才敢购买你的产品。

第 3 章

自己主宰命运：
高情商就是善于
管理自我、完善自我

很多销售人员愿意把自己交给领导，交给同事，甚至交给客户。高情商的销售人员则把自己交给自己，让自己主宰命运，通过制订明确的目标引导自己，依靠自我监督约束自己，通过不断学习和充电充实自我，以达到完善自我、改变自我的目的。

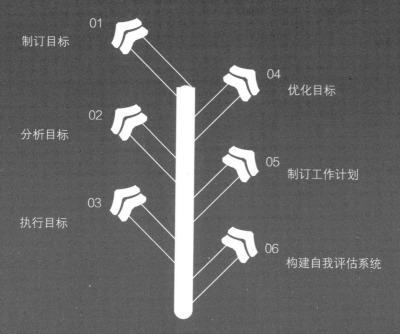

01 制订目标

02 分析目标

03 执行目标

04 优化目标

05 制订工作计划

06 构建自我评估系统

制订目标，有明确目标才有动力

目标是动力，是方向，做一件事时只有先有明确的目标，才可能有动力源，才会找对方向，最终达到预期。高情商的人始终清楚自己要什么，会坚定地追求自己的目标。

高情商的销售人员都有自己明确的目标，并善于对目标进行管理。他们不会一开始就盲目地找客户、跑市场，而是先给自己制订目标，今年有什么目标，这个月有什么目标，今天要完成什么。

那么，怎样才能制订出一个合理、科学的销售目标呢？一般来讲可按照这样一个思路去做，如图3-1所示。

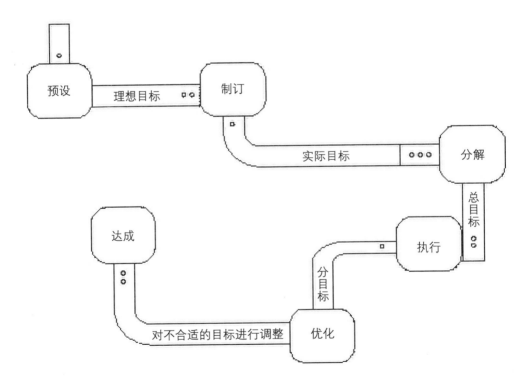

图3-1　销售中的目标管理法

（1）预设一个理想目标

理想目标，顾名思义是希望达到的目标，结果可能达到，也可能无法达到。

可能有人要问，既然是无法确定能否达成的目标，制订还有什么意义呢？其实，理想目标关键在于过程，不是结果。理想是一种美好的状态，是智慧的源泉，是目标的根基，即使无法实现，对最终的行动也大有好处。

正如"不想当将军的士兵不是好士兵"，难道说这句话的意思是鼓励所有士兵都要去争当将军吗？显然不是，这是一种理想目标，旨在激励每个士兵不能只看眼下，要有远大理想。

做销售也一定要有理想目标，每次在给新人培训时，我都会先给他们描绘一幅美好的蓝图，如行业的发展前景、企业的远景、个人加薪和晋升、出国进修等。千万不要认为这是画一个大大的饼，让他们去想象。这是一个理想目标，这目标是可实现的，只是由于不是量化目标，我们无法用一个可量化的指标去衡量，但它是实实在在存在的，对销售人员的激励作用也是很大的。

（2）制订可执行的、比较实际的目标

实际目标是指要达成的长期目标，较之理想目标，最大不同就是这是个可量化的、可执行的目标，需要实实在在地去践行、去实现，且最终靠结果说话，达到结果会有一定的奖励，达不到则要受处罚。

如2018～2019年度我计划为企业带来价值500万元销售额，且这个目标非达成不可，那么这个500万元就是实际目标。对于最后的完成情况也制订严格的衡量指标，超额完成有什么奖励，无法完成又要受到什么处罚，也都必须有明确规定。

（3）分解计划，坚决执行目标

为了便于实际目标更好地实现，通常可将一个总目标进行细分，划分为长期目标、中期目标和短期目标。

长期目标是总目标，是整个目标体系中最核心的内容，是由数个中期目标组成的，而中期目标则由数个短期目标组成，短期目标则是由无数个日常行为组成。这几类目标的关系就像一棵树，长期目标是干，中短期目标是枝，而小目标是叶。只有实现每一个小目标，才能实现短期目标；只有实现每一个短期目标，才能实现中期目标；只有中期目标实现了，长期目标才能实现。

例如，一位销售人员制订了自己的职业生涯目标，我们展示其中一部分内容，如表3-1所列。

表3-1　某销售人员的职业目标

	短期目标 以月为单位 2018年	中期目标 以1年为单位 2019~2020年	长期目标 2025年
生涯目标	业务目标：300万元/年 职务：销售主管 工资：20000元/月	成为独当一面的销售精英，进入企业管理层；力争做到北京地区销售营销经理	在京有房有车；事业有成；家庭幸福，拥有可爱的宝宝；有自由旅行的时间
业务目标	1. 掌握业务技巧 2. 提高谈判能力 3. 强化沟通能力 4. 报考MBA	做好大客户推展营销；积累团队管理、客户培训经验；积累大型现场演讲、人际关系处理等经验；有意识培养职业经理人素养，向职业经理人转变	拥有足够专业度、亲和力、管理能力，受人尊敬，有较广泛人际圈，积累了一定的财富；为创业和开创第二职业奠定基础
职业发展路径			
销售主管→销售经理→片区总经理→营销总监			

有了总体目标后，需要再围绕某年某月要达成的目标进行详细分解，分解时最好按季度、月度、周计划的时间进度尽可能详细。如用2018年1年的时间提升销售技巧，加强销售技巧学习，行动计划是：第一个月看至少3本提升销售能力的相关书籍（可列出阅读清单，每看完一本做出特殊的标记），至少参加一次有影响力的销售技能培训。

这样就有了一个具体的时间和操作方向，这样也便于定期检查达成情况。需要提醒的是，职业目标切忌定得过高或过低，也不能凭空想象。定高了如果自己尽了力却没达成，难免影响到自己的心态；定得太低没有挑战性，又会遏制自己的发展动力。

3.2　分析目标，搞清楚大小目标的关系

总目标与分目标的关系像个倒树杈，由总到分是层层细分的。总目标统率分目标，分目标牵制总目标，总目标是实现分目标的指导思想和行为总则，分目标

是实现总目标的必要步骤。在目标管理体系中，总目标和各个分目标之间彼此制约，相互影响。因此，制订销售目标必须先弄清楚总目标是什么，是如何划分细分目标的，及它们之间的关系。

销售的总目标，以及如何细分在3.1节已经讲过不少，这节重点阐述总、分目标的关系。

（1）总目标与分目标的关系

众所周知，总目标与分目标是隶属与被隶属关系，分目标是由总目标层层分解下来的。但很多人忽略了另外一层关系，即总目标往往是理想目标，是企业的发展战略和顶层设计，而分目标却是很实际的目标，需要基层员工通过付出智慧和劳动必须达到的预期。

总目标与分目标的关系如图3-2所示。

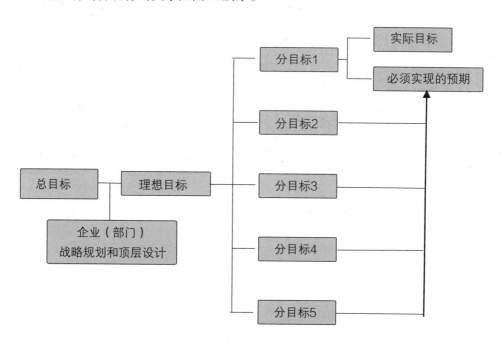

图3-2 总目标与分目标的关系

理想目标与实际目标是有明显区别的。理想目标是目标的理想状态，实际目标是目标的实践状态。理想很美好，但有时候不符合实践，关键时刻，理想目标要让位于实际目标。

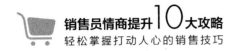

案例 1

苏格兰的一家轮胎公司一周只工作4天，随着竞争的日益激烈，为加强产品在市场上占优的份额，企业希望一周开工五天。结果，这一提议遭到工会拒绝，理由是工会的宗旨就是保护每个员工的权利，企业不能无故剥夺员工休假的权利。

在漫长的对峙过程中，企业一再声明如果工会不肯合作的话，企业将可能被迫倒闭。可工会一再坚持自己的宗旨，宁愿公司倒闭也不牺牲员工的利益。最终公司宣布倒闭，所有工人都失业。

上述案例就是理想目标与实际目标的冲突，理想目标是为实际目标服务的，当与实际目标相违背时，需要适当调整。

（2）注重短期目标

如果把目标放在一个时间维度中，总目标又可称为长期目标，分目标称为中短期目标。中短期目标是实现长期目标的基础，因为再宏大的目标最终都必须体现在一个个小目标中。宏大目标的实现以小目标实现为前提，而小目标的实现并不容易。下面的故事也许会给我们很好的启示。

案例 2

1984年的东京国际马拉松邀请赛中，一名名不见经传的日本选手山田本一出人意料地夺得了世界冠军。赛后当记者采访他为什么能取得如此惊人的成绩时，他说了这么一句话：凭智慧。当时，许多人都认为他在故弄玄虚。马拉松是体力和耐力的运动，说用智慧取胜，确实有点勉强。

10年后，这个谜终于被解开了。山田本一在他的自传中这么说："每次比赛之前，我都要乘车把比赛的线路仔细地看一遍，并把沿途比较醒目的标志画下来，比如第一个标志是大树，第二个标志是一家快餐店，第三个标志是一座大厦，这样一直画到赛程的终点。比赛开始后，我就以百米的速度奋力地向第一个目标冲去，等到达第一个目标后又以同样的速度向第二个目标冲去。40多公里的赛程，就被我分解成这么几个小目标轻松地跑完了。起初，我并不懂这样的道理，我把我的目标定在40多公里处的终点线上，结果我跑到十几公里时就疲惫不堪了，我被前面那段遥远的路给吓倒了。"

山田本一大目标的实现，就是把总目标进行分解，化整为零，将不可能实现的大目标变成一个个较容易实现的小目标，各个击破。这个案例告诉我们，不要把过多的精力放在长远目标的思考上，最重要的是马上行动，把眼下的小目标完成好。这种做法看似简单，其实却是一个最为有效的方法。

短期目标应该成为最为关注的目标，短期目标的设定不要超过1个月，时间过长短期目标无法产生直接相关的应变。另外建立短期目标后应立即开始行动来实现它，要坚定不移，不要在意识中否定它。

"凡事预则立，不预则废"，制订目标可使销售成功，不制订目标，就不能充分发挥其自身潜能。特别是对一个销售人员而言，如果没有目标，就会变得无精打采、烦躁不安，就会失去工作重点，由此可以看出设定目标是多么的重要。

3.3 执行目标，一步一个脚印地去做

在整个目标体系中大目标只有一个，但具体实现起来需要进行细分，划分为很多小目标，然后一步一个脚印地实现。任何大目标的实现都是先从小目标做起的，只要先把眼前一点一滴做好，实现了一个个小目标，大目标自然会实现。

在执行销售目标的过程中也一样，要把大目标进行分解，细化成小目标。比如，年目标细化成月目标，月目标继续细分成周目标，周目标最后划分为日目标；执行时需要先完成每一天的任务，而后是周目标，月目标，直至年目标的实现。只要做好每一天，每一周，每一月，日积月累就是最终的目标。

每个小目标都是总目标的重要部分，小目标完成得不好，大目标肯定不会如期实现。

案例3

曾经给一家电话销售企业做过培训，其中一名新进的电话销售人员小张给我留下的印象非常深刻。小张负责的工作是搜集全国各地目标客户的联系电话，并与对方取得初次沟通，让对方明确公司有哪些产品，有哪些服务等。

跟所有刚刚进入新企业的员工一样，小张以极大的热情投入到工作中，并且给自己设立了一个目标：一个月内至少让10个人来听课。

在这种目标的激励下，小张开始忙碌起来，每天一进办公室就忙着打电话。遗憾的是，事实并不像他想得那样美好。他不断遭到对方的拒绝，热情慢慢降低，自信也渐渐减退……一个月过去了，他没有预约到一个客户。

案例4

与此同时，另一位销售人员小刘也在做着同样的工作，他几乎与小张同时入职这家公司，但他却是销售业绩最好的。与小张一样，起初他也给自己制订了目标，但不一样的是他会将目标再次细化，把目标分解到每天、每个小时，并认认真真地写在一张纸上。如把每天要打的电话资料，以及数量一一列举出来，哪些是重点客户，哪些是非重点，哪些需要再次回访，都标注得清清楚楚。

在实际工作中，有很大一部分像小张一样的人，知道目标的重要性，同时也制订了工作目标，但却难以实现。目标有一定的导向性，能够激励我们的行动，但如果制订得不合理，是没有任何用处的，反而会像上面的小张那样，对自己丧失信心，从而否定自己。

目标的制订很重要，但同时还要有可执行性，才能够真正促进销售活动的顺利进行和销售目标的实现。有些人制订的目标可能只是个框架，在如何实现上缺乏更具体的规划和思考。

那么，如何使目标具有可执行性呢？

（1）事事有目标

目标制订得越具体、越细化，就越容易实现，我们应该力争做到事事有目标。

假如你有一件事情，必须在一天（24小时）内到100公里以外地方去办理，而那条路没有任何交通工具，唯有步行。如何才能日行百公里，不能笼统地去想，而是要知道具体该如何实现这个目标。对此可以估算一下，通常来讲，一个成人正常的步幅大约在0.6米，步频2步/秒，即1.2米/秒左右。24小时是86400秒，计算得出24小时可步行103680米，合103.68公里。也就是说，要想在24个小时之内走完100公里，基本上不能休息，不能睡觉，还必须保持匀速走才行。当然，这是理想状态下的结果，真正实现起来比较困难。

总之，经过这么一分析，可对预期结果有个更明确的执行思路，以便真正做起来时有所准备，该采取什么措施也会心里有数。只有这样，才知道每天如何去做，才能如期实现这个梦想。否则，就很容易放弃，面对茫茫长途失去信心。

（2）每天都要制订目标

天天有目标才会时刻有动力去做，尤其是一天天的小目标不断被完成后，内心就会升起幸福感和成就感。这些目标好比钟表上的秒针，能不断时刻提醒和鼓舞自己，让自己坚持不懈地去做。

有研究发现，1～3天的即期目标是最容易实现的，因此，每天都应该有自己的明确目标，如果有些事情难以做到以每天为单位来制订目标，那至少也不能超过3天。

（3）把目标写下来，让自己时刻看得见

离自己越远的东西，越显得不重要，同样，一个看不到、摸不到的目标更难以实现。当制订好自己的销售目标时，就需要把它写下来，每一个月、每一周，甚至每一天的目标都要明确地记在纸上，并且最好放在自己容易看得见的地方，以不断地提醒自己，时刻为实现这些目标而努力。

一个高情商的销售人员，不但会制订目标，更要让目标执行下去。很多高智

商的人制订的目标都非常完美，但由于执行方法不对，缺乏坚持，最终让目标流于形式。

3.4　优化目标，立即调整不合适的目标

有些销售人员虽然制订了目标，业绩上却没有任何突破。这究竟是怎么回事呢？根源在于目标脱离了实际。制订目标必须以实际业务为基础，以客户需求为中心，根据自己销售的产品和提供的服务，结合客户的购买习惯、购买需求进行。

案例
5

我们公司楼下有两家快餐店，由于地处商业中心，服务群体稳定，以周边上班的白领为主。因此，每天前去吃饭的人很多，两家餐厅的收入也都非常可观。后来，两家店主都扩大了规模，并制订了一个新的销售目标，据那里的员工说月订单要比之前提升20%。

结果就是这个20%的目标，毁掉了一家，成就了一家。成功的那家生意日益红火，他们引进了多个精品新菜，同时增加了App网络订餐、上门送餐等服务，菜品的丰富和服务的提升让其顺利实现了预定目标。

失败的那家同样制订了月收入增长20%的明确目标，也曾大搞优惠活动，让员工拼命地拉客户。即使这样，生意却没有改观，反而日渐衰落。其实只要稍思考一下就知道这个目标很难实现。首先提供的菜品种没有增加，口味没有改变，更为重要的是违背了消费规律，消费群体没有改变，消费人数没有增加。

同样的经营环境，同样的增长目标，针对的消费群体也非常相似，结果却截然不同。最关键的就在于第一家餐厅充分与实际结合，尤其是在迎合目标消费人群的消费需求上，增加网络点餐服务，而第二家的目标却脱离了实际。

上述案例虽然是企业案例，但在很多销售人员的个人目标中也经常会遇到。同样的产品，面对不同的客户时，不同的销售人员会收到不同的结果。这个时候

也许很多人还在为自己没有尽力而懊恼，但事实上这里面忽略了很重要的一点，即目标的可执行性。脱离实际的目标再努力也无用，所以，当一个目标制订出来之后，高情商的销售人员一定会认真检验、思考，看这个目标是否符合实际。

那么，这个"实际"通常指什么呢？一般来讲包括两点：一是业务需求，二是客户需求。具体如图3-3所示。

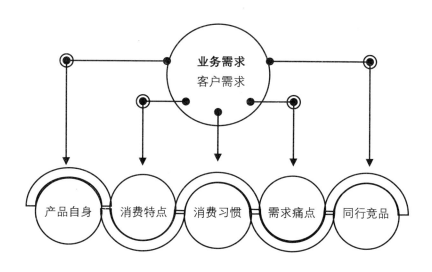

图3-3　优化销售目标应考虑的两个实际情况

（1）业务需求

业务需求包括两部分，一是产品自身，另一个是同行竞品。

1）产品自身。

销售目标永远应围绕产品本身而进行，产品类型不同，销售目标也需要不同。如传统的工业品，目标就是销售数量或金额，而新型的互联网产品，就不能盲目追求销售数量或金额，因为还有更重要的目标：流量。只要流量上来了，销量自然会有，如果盲目追求销售数量或金额，就会陷入本末倒置的窘境。

所以，只有当目标与产品真正地吻合，才可能让目标更容易达到，这一点就决定了优化目标时必须围绕所推销的产品进行。

2）同行竞品。

现今的商业社会最显著特征就是竞品众多，而且同质化越来越严重。

如地图导航App，大家都熟悉的有百度地图、高德地图，现在又有了奥威互

动地图、凯立德地图、谷歌地图、老虎地图等众多类似的应用；新闻类产品除了今日头条，东方头条、本地头条、今日十大热点、一点资讯等相继出来。其实，这些产品的属性、功能都大同小异，甚至重复，并且同处一个细分市场中，面对的目标客户也类似，势必形成竞争。

产品属性和功能的高度雷同，对销售人员的营销、促销策略提出了更多要求，因为一个产品与竞品的差异可能就仅剩营销上的差异了。因此，对销售人员来说，在制订销售目标时一定要考虑到竞品的存在，多了解一些行业以及竞争对手的信息。千万不要乐观地认为整个世界只有你们一家拥有产品或服务，而是要冷静地认识到竞争对手的存在。这样一来，在制订目标时，就不会盲目地自信，而是会做到客观。

通过上面的分析，可进一步知道，对销售目标进行优化，需要综合考虑到多层面的因素，并对它们进行有效评估。不要把"想"达到的与"能"达到的混淆，否则，所谓的目标不仅仅难以成为销售业绩增长的动力，反而极有可能会成为阻力。

（2）客户需求

1）消费特点。

由于职业、文化程度、经济收入、社会阶层的差异，每个客户在消费时会呈现出不同的特点，有时销售人员很难把握。所以，在制订目标时，就需要按推销对象规模、行业、客户职业、社会阶层等不同的标准来归类。总结提炼出一套规律性的东西，有助于抓住同类客户的购买特点，采用客户结构式推销方法有区别地进行。推销人员可以抓住一些客户的典型问题进行比较分析，这样更易掌握。

2）消费习惯。

任何消费群体都有自身的消费习惯，从职业上分，有学生、上班族等，从年龄上分，有年轻人、老年人等，他们在消费时都有自己的习惯，这是一个共性。消费习惯决定了消费心理，不同的消费心理会影响到客户的购买行为。

销售人员在制订销售目标时，可以根据自己所推销的产品去总结、了解这一消费群体的消费习惯。尤其是固定消费人群更要如此，他们对产品、销售人员、企业都有着特殊的感情，这种感情会转化为习惯，甚至对产品的陈列方式、销售方式都会习惯。销售人员了解到了客户的这些消费习惯，就会在制订目标时更有针对性。在推销时，同样可以给予特别关注。

3）需求痛点。

通常情况下，客户不会无缘无故地去购买一个产品，他们之所以选择了某个产品，一定是产品满足他的痛点需求，能为他带来亟须的利益或服务。比如，打车是强需求，痛点是打车难，乘客找不到司机，司机也找不到乘客，这也是滴滴打车软件面世后很快被接受的主要原因。

再比如，菜刀是刚需，痛点是在使用过程中需要不断地磨，所以当一款不需要磨的陶瓷刀面市后会迅速成为爆款产品。因此，要想让自己的销售目标达成，就必须提炼产品的卖点，迎合客户的需求痛点，只有这样，才能使得销售目标顺利实现。

3.5 制订工作计划，把握工作进度

有了目标，接下来就是按照预设目标，一步步地去完成。在达成目标的过程中有个重要的环节，即制订详细的工作计划。工作计划是提高目标达成效率的重要保障，一份科学、合理的工作计划，有利于保证工作进度按时进行，能够大大提高工作效率，也便于发现工作中的不足，及时改进。

案例
6

王茜和小杰是刚刚走出校门的大学生，毕业后一起来到某公司做推销员，主管给他们上的第一堂课就是：每天坚持写工作日记，把自己一天要做的工作情况记录下来。

王茜坚持按主管的要求去做，把每天所做的访问详细记录下来。在写日记的过程中，她不断总结以往的工作经验，并根据实际情况调整自己的工作方法。

一段时间后，王茜的工作得到极大的改善，比如：在刚来的1个月中，她每拜访29个客户才能做成一笔生意；后来每25个成交一次，20个成交一次；半年后，平均每3个就能成交一个订单。

与王茜相比，小杰在这方面做得非常差。当初他认为这是浪费时间，每次只是随便记录一些东西应付差事。后来干脆中断了，每天只是一味地去拜访更多的客户，但命运似乎在捉弄他，拜访的越多业绩反而下降，几个月后已陷入了绝境。

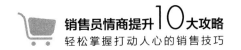
一次，他在与王茜交流中听到对方说，对方每拜访一次客户都会把拜访的情况详细地记录下来，这说明失败后善于总结，总结后再去拜访，成功的概率就会大大增加。小杰终于明白了一个道理，正是自己毫无计划、毫无目的地拜访才会得到这个结果。

制订工作计划是做好工作分析的前提，对于经常在市场摸爬滚打的一线销售人员来说，若想把握变幻莫测的市场，抓住不断变化的客户需求，就需要时时刻刻对自己的工作进行分析、总结，并以表格的形式把它列出来，运用在以后的工作实践中。

制订工作计划可以具体分为8个步骤，6个要素，3个要点。

（1）制订工作计划的8步骤

制订工作计划的步骤如表3-2所列。

表3-2 制订工作计划的步骤

计划拟定阶段	第1步	认真学习、研究领导的有关指示，彻底领会精神，确立工作大方向
	第2步	结合本单位、本部门以及岗位的具体情况，确立工作细则
	第3步	根据上述情况，确定工作的基本内容、任务、要求
	第4步	再据此确定工作的具体办法、措施，以及具体实施步骤
	第5步	根据工作任务的需要，组织并分配力量，明确分工
	第6步	避免发生问题时陷于被动，应对未来工作中可能出现的障碍、困难、偏差进行预测和评估，确定克服的办法和措施
计划实施阶段	第7步	交给上级部门讨论、批准，付诸执行
	第8步	在实践中进一步修订、补充和完善计划

（2）制订销售计划的6要素

制订销售计划还需要抓住6个要素，即大家熟知的5W1H模式，分别为：Why、What、Where、When、Who、How，具体如图3-4所示。

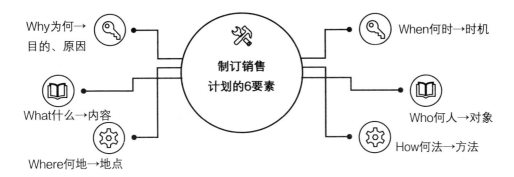

图3-4 制订销售计划的6要素

（3）制订工作计划的3要点

① 不断完善工作。

工作计划，顾名思义就是随着工作的不断进行和深入，来逐步完善和改进的一种工作方式。所以，很多时候在工作没有深入到某一层面之前，就无法对其进行评判和分析。从这个角度来看，销售人员需要随时观察，随时总结，对其逐步完善。

② 对事不对人。

工作分析针对的是关于工作、岗位的信息，如工作职责、任务内容等。但是，很多销售人员在工作分析的时候出现了偏差，不是针对工作本身，而更多的是针对工作中的人。分析的对象出现了偏颇，势必会影响到计划的科学性、合理性。

③ 不能任意夸大或弱化。

在制订工作计划时，有些销售人员为了突出该岗位的重要性，故意增加工作内容和强度，或者是出于不自信，有意回避该岗位的责任，遗漏一些工作内容。这样脱离实际的工作分析，往往不能真实地反映工作中存在的问题。因此，在制订过程中，要如实对该岗位的工作内容进行反馈，准确真实地反映问题。

制订工作计划是规范自我管理的一种重要形式，能够通过对工作的部署和分析，增强销售人员能力，对销售工作的优化和提高效率有非常大的促进作用。因此，工作计划一经制订出来，就要坚决贯彻执行。在执行过程中，销售人员应根据工作的实际情况或遇到的问题不断加以补充、修订，使其更加完善，更加切合实际。

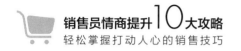
3.6 构建自我评估系统

每个企业都有一套自我评估系统，用以对员工的表现、业绩进行评估和考核。一个销售人员若想快速地提高自我，仅仅靠企业行为是不够的，还要建立一套适合自己的自我评估体系。

能够客观地评价自己、认识自己，是高情商的主要表现。下面介绍一种最常用的自我评估方法：三维评估法。该方法是一种综合性的自我评估法，可从多个方面对自己的业绩进行评估，特别适合个人使用。

三维评估法是分别从个性评估、动力评估、能力评估3个方面来评估自己的一种方法，具体内容如图3-5所示。

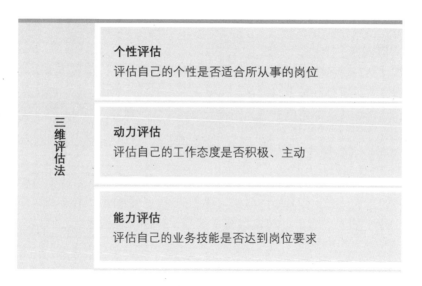

图3-5 三维评估法

（1）个性评估内容

在"三维评估"中，我最看重个性因素，个性常常表现出一个人最具特色的方面，比如习惯、态度、欲望、信念等，这些对行为的影响非常大。

如在拜访客户前你如果一直想着，"客户会买我的产品吗""今天可能又要白跑一天"，那么你很有可能一个产品也卖不出去，一位有效客户也找不到。因为在做一件事情的时候，想法可能会对你如何去做产生决定性影响。

日本著名寿险推销员齐藤竹之助，27岁开始做保险，36岁便由一名普通销售人员进阶为全日本推销冠军。他没有高深的专业知识和高超的推销技巧，唯一拥有的就是自信。他每天早晨走出公司的那一刻都在暗示自己：我是最棒的，我一定能成功。

看着他的个人宣言我不禁深深地感到佩服。其实，态度、欲望、信念这些东西在推销中对行为的影响在前两章也多次谈过，这里不再赘述。这里重点讲如何客观地评估自己，形成一套符合自己的评估系统。一位高情商销售人员一定要重视对自己的评估，养成良好个性，且能够在客户面前展现优秀的一面。

（2）动力评估内容

动力因素是指销售人员的工作状态，比如，积极与懒散，热爱与反感等等。很多年轻人为什么不愿意做销售？我认为不是行业本身的原因，而是动力不足。我经常说，凡是能在销售界争得立足之地的人，暂且不论是否取得伟大的业绩，哪怕只是月入几千元的普通推销员都是了不起的，因为他们战胜了自己。

销售不同于其他行业，需要随时保持高涨的积极性和乐观的心态，哪怕遭张三白眼、李四痛斥，回过头来也得对王五微笑。这种心理上的巨大落差对保持激情是致命的摧残，很多新人都是倒在了这里，再也没有站起来。

始终保持积极性，是销售人员迈出的第一道坎，也是最重要的心理关。只要过了这一关，无论遇到什么情况都能全身心地投入，对自己的产品充满信心。

（3）能力评估内容

能力因素主要包括知识、技能，以及自身的努力程度等。"蛇有蛇路，龟有龟道"，做任何行业都必须先了解相关的知识，医生要学习医学知识，会计要学习财务知识，企业管理者要掌握管理知识。正因为如此才有隔行如隔山的感觉，所以，当你确定要做销售这一工作时就有必要多了解一下相关的市场知识，如行业知识、产品知识，以及具体的推销知识。

知识是技能得以增长的根本，但只有知识，不努力也无法转化为能力。因

此，对能力进行评估需要兼顾知识、技能与努力3方面的因素，缺一不可，具体内容如图3-6所示。

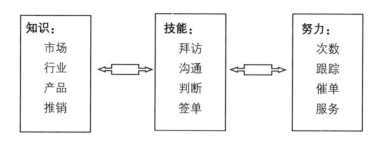

知识：		技能：		努力：
市场		拜访		次数
行业	⟷	沟通	⟷	跟踪
产品		判断		催单
推销		签单		服务

图3-6 能力评估的内容

自我评估是自我意识的一种形式，是指自己对思想、愿望、个性特点进行判断和评估的行为。销售人员善于自我评估，有利于充分地认清自己与客户之间的关系，以便更好地完善自己。

第 4 章

善于沟通：
良好的沟通能力
是高情商的直接体现

　　良好的沟通能力是高情商的直接体现。销售离不开沟通，沟通得好不但很容易达成成交，而且还可以与客户成为朋友、知己；沟通得不好轻则失去订单，重则失去客户的信任。沟通是需要技巧的，高情商销售人员在与客户沟通时善于运用语言技巧，如创建对话体验、采用幽默开场白、注重自我介绍等。

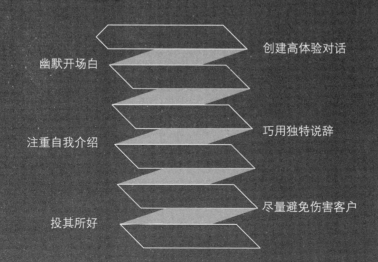

幽默开场白　　　　　　　　　创建高体验对话

注重自我介绍　　　　　　　　巧用独特说辞

投其所好　　　　　　　　　　尽量避免伤害客户

4.1 用积极情绪创建高体验的对话

日常生活中，我们常把那些会说话的人称作高情商的人，良好的沟通能力是高情商的直接体现。而很多销售人员在与客户交流，尤其是初次拜访时常会遭遇不太好的经历：有的无法很好地表达自己的想法；有的失去了自我，完全被客户牵着鼻子走；有的直接被拒绝。这些都是沟通能力欠缺导致的。

销售沟通不是简单的对话，不是把自己的想法告诉客户就够了，而是要去用积极的情绪创建一个富有体验的对话情景，循序渐进地感染客户，消除他们内心的抗拒，引起他们与自己、与产品的共鸣。

很多销售人员特别"职业"，句句不离推销，见到客户就单刀直入，直接卖东西。这种做法似乎很职业，实际效果很差，千万别这样做。与客户沟通时最大的忌讳就是上来就推销，尤其是初次拜访客户或者第一次给客户打电话时。因为人人对陌生的人或东西都有质疑，谁也最不喜欢被强迫、被要求，客户对陌生的你，以及你推销的产品都会产生极度不信任感，这种不信任将直接导致他们内心对推销的抗拒。

那么，这时候该怎么做呢？即先做到无障碍交流，走进客户的内心，融化客户心中抗拒的坚冰，弱化客户内心的抵抗情绪，让他们逐步意识到，自己需要这个产品，从而心甘情愿购买。

案例
1

一名销售人员看到一位老太太在花园遛狗，便意识到这可能是潜在客户，于是开始与对方沟通：

"好可爱的小狗，是泰迪犬吧？"

客户回答说："是的。"

"打扮得真漂亮，您在她身上一定花了不少心思。"

对方看这位销售人员很友善，又在不停地夸赞自己的小狗，心中暗自高兴，笑呵呵地答道："是啊，它陪了我5年呢，给我的生活增添了不少快乐，现在也算是我的一个伴儿了，我们感情很深。"

"是啊，狗最通人性了，养狗确实能调节一下单调的生活。"

"小姑娘，你也喜欢养狗吗？"

"嗯，我家有一只金毛……"

老太太像是遇到了忘年交，满心欢喜地与销售人员围绕"养狗"的事情谈论起来，从疾病护理，到营养补充，谈了很多很多。最后，销售人员见时机成熟，将话题一转，巧妙地过渡到自己的产品上来，双方一拍即合。

初次与客户沟通，关键就是要避开他们的抗拒点，让客户首先对你产生好感，也可以先谈论一些轻松话题。正如例子中的这位销售人员，即使明确地意识到对方有所需求，也没有贸然直接推销，而是先与对方谈起了"养狗"趣事。通过进一步的沟通，待对方从心理上接纳自己时才提出产品，这时客户接受起来就会容易很多。

俗话说，"磨刀不误砍柴工"，在正式推销之前与客户进行高体验的对话，是整个推销工作得以顺利开展的有利前提。因此，销售人员有必要了解初次与客户沟通时的要点，具体如图4-1所示。

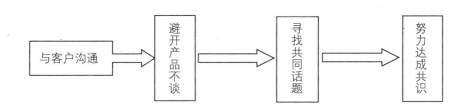

图4-1　高情商销售人员初次与客户沟通的谈话要点

（1）避开产品不谈

初次与客户沟通，不要一开始就谈产品，因为谈产品是很多客户心中的第一抗拒点。开始应尽量转移话题，先交朋友，再谈业务。就像例子中的这位销售人员，由一个共同爱好"养狗"入手，让对方卸下心里的防备，敞开心扉，然后再通过深入沟通，让对方接受自己所推销的产品。

销售，其实就是在做人际关系，是一个由陌生人变成朋友，再由朋友变成"合作伙伴"的过程。这也是为什么有些销售人员整天在与人吃饭喝酒、见谁都称兄道弟、看似不务正业、业绩反而非常突出的原因。

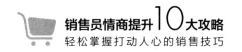
（2）寻找共同话题

销售人员同客户沟通时，一定要抓住客户感兴趣的话题。俗话说："道不同不相为谋"，只有志趣相投的人，才能够相聊甚欢。

兴趣包括一个人的需求，而需求又包括利益、爱好、奉承或赞美等，这里就需要销售人员在与客户沟通时自行判断，正如案例中的销售人员，她抓住了客户喜欢狗这一兴趣爱好，然后紧紧围绕这一兴趣点展开话题，正所谓有兴趣才有买卖。

（3）努力达成共识

销售人员在与客户沟通的过程中，一定要让对方多发表自己的观点和看法，并与之努力达成共识。要避免自己滔滔不绝地讲，客户却沉默不语的现象发生，更要避免与客户意见相左，发生争吵。

为防止谈话陷入尴尬，销售人员要不时地提出自己的疑问或观点，来征求客户的意见以便激起谈话的兴趣。

其实，销售沟通的目的就是通过交流、协调、让步，融合双方的关系，改变对方的观念，实现互惠互利，达到双赢的目标，这才是一个高情商的销售人员应具备的素质。

盲目地推销会适得其反，因为一个人在面对陌生的人或物时都会产生质疑。客户首次面对你的推销时也会有这种心理，会犹豫不决，拿不定主意，甚至干脆拒绝。遇到这种情况，你需要根据当时的情况，第一时间帮助对方消除内心的质疑。

4.2 幽默开场白，提升现场"温度"

开场白虽只有寥寥数语，但往往决定着整场对话的走向，正所谓，一句话说得人怒，一句话说得人笑。高情商的销售人员都习惯在开场白中辅以一定的说话技巧，如增加幽默性，通过委婉、含蓄的表达方式营造轻松活泼的谈话气氛。

2005年李敖到北大演讲，整场演讲幽默风趣，让人捧腹大笑。最令人深刻的是他的开场白："你们终于看到我了，我今天准备了一些'金刚怒目'的话，也有一些'菩萨低眉'的话，但你们这么热情，我应该说菩萨话多一些（掌声，笑声）。演讲最害怕4种人：一种是根本不来听演讲的；一种是听了一半去厕所的；一种是去厕所不回来的；一种是听演讲不鼓掌的。"话音未落，场内已是一片掌声。

良好的开场白还能化解尴尬局面，化被动为主动。白岩松一次去美国某大学做演讲的开场白是："欢迎大家向我扔鞋，但最好是两只，还有就是我的脚穿42号的。"

利用幽默式的开场白来开场，在销售中十分有效果：既能立刻引起客户的注意，吸引客户继续交流下去，又可以表现自己的机智灵敏、聪明过人，以轻松赢得客户的好感。

然而，并不是所有销售人员都会幽默式的开场白，把握不准"度"反而会令局面陷入尴尬。有的销售人员为了取悦客户，将幽默当成了非常随便地开玩笑，甚至说一些低俗的语言，这也是为什么有的人自认为很幽默，讲出来后却达不到活跃气氛、增进情感效果的原因。

我在给销售人员培训时会多次强调，运用幽默来辅助交流应坚守3个基本原则，具体如图4-2所示。

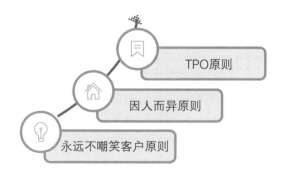

图4-2 高情商销售人员开场白3原则

（1）TPO原则

幽默语言之所以不好讲，难就难在时机的把握上，也就是我们通常所讲的TPO（时间、地点、场合）。幽默的语言往往只有在特定的场合和时间中，才能起到出其不意的效果。销售人员在向客户表达幽默时，应该出其不意、攻其不备，让对方在开怀大笑中化解矛盾，使得对方的注意力不再集中于胜败之念，而是转移到解决问题方面来，这样，更有利于对方接受你的观点和产品，良好地合作下去。

（2）因人而异原则

在说幽默话之前要对客户的性格、说话风格进行初步判断。如果对方是个比较随和的人，不太介意玩笑话，自然可以随意些；相反如果对方是个严谨的人，不太喜欢开玩笑，那就要注意表达技巧，更不能毫无顾忌地开玩笑。

一些幽默的话很容易让对方觉得是嘲讽，倘若对方是个比较敏感的人，即使没有此意，也会说者无心，听者有意。遇到异性，更不可轻易开玩笑，尤其是些低劣笑话会令对方觉得你不懂得尊重。因一句无心的话而触怒客户，甚至伤害到情感，得不偿失。

幽默贵在出其不意，销售人员要像幽默大师一样，讲话的时候娓娓道来，让客户在不经意间感到与你谈话的乐趣。尤其在表达幽默的时候，一定要把握好时机，因人而异，这样才能凸显出你的高情商和过人的智慧。

（3）永远不嘲笑客户原则

幽默要避免人身攻击，尤其是可能涉及对方的缺陷和不足时，最好不要随便说。相反，可换个思路，对自己的缺点和不足进行一番自嘲。"自嘲"是一种境界更高的幽默，如果能做到这点，更能体现出潇洒的心态和人生的智慧。

一位著名的营销人员应邀去某大城市做演讲，当他走上讲台后才发现全场观众坐了不到一半。见此情景他很失望，但他很快调整了情绪，幽默地对听众说："这个城市一定很有钱。我看到你们每个人都买了二三个座位票。"自嘲可制造出宽松和谐的谈话气氛，还能更有效地维护面子。

总之，会沟通的销售人员都懂得使用幽默的语言，但只有在合适的时间、合适的地点，才能起到积极的作用。因此，销售人员在与客户交流的过程中，幽默要有的放矢，避免开一些有伤大雅的玩笑。

4.3 别致自我介绍，让客户愿意靠近你

销售人员在做简单的开场白后，通常需要再做一番自我介绍，这是与客户进一步沟通的重要环节。通过自我介绍可以让对方更多、更好地了解自己，得到对方的信任和认可。

自我介绍看似简单，实则不易，很多人正是在这栽了跟头。那么该如何做自我介绍呢？我们先来看一个非常普遍的电话推销情景。

案例 3

销售人员："您好，请问是××公司的王总吗？"

客户："是的，请问您是哪位？"

销售人员："我是美好公司的推销员李彤，这次拜访您的目的是向您介绍一下我们公司的最新产品……"

客户："我现在很忙，没时间。"

销售人员："先生，不会占用您太长时间的。"

客户："我真的没时间，您下次再打过来吧。"

可以预见，这样的推销是没有任何意义的。上述中案例中这位销售人员最大的失败之处在于自我介绍时没有亮点，而且犯了一个错误：直接向对方推销产品。这样很容易引起对方更大的心理警惕，无疑为自己接下来的谈话建立了一道屏障。要知道，现在很多客户都害怕推销，在这种情境下，对方根本没有心思去了解你是谁。

常规的自我介绍可以应付工作和日常社交活动，但在推销过程中未免有些捉襟见肘。为了避免触动客户的心理防御，销售人员在自我介绍时需要多多创新，争取能够给人以耳目一新的感觉。比如，内容上精简一些，表达方式上灵活一些，等等。

具体来讲，自我介绍有以下4个原则，如图4-3所示。

图4-3　高情商销售人员自我介绍的4个原则

（1）简洁性

一般来讲，完整的自我介绍包括姓名、单位、部门、职务这四大基本要素。向客户进行自我介绍时，要力求简单清晰，迅速切入正题，尤其在初次见面或者与一位关键客户，如繁忙的总经理见面时，应避免过多的闲聊，说得过多不仅不能被客户接受，反而会招致对方的反感。

销售人员："您好，请问是××公司的王总吗？"
客户："王总接电话不方便，请问哪位？"
销售人员："我是美好的李彤，你们王总的朋友，请转一下王总。"

（2）趣味性

不管是怎样的介绍，目的都是为了吸引客户，让客户对你或者你的产品产生兴趣，有想更进一步了解的欲望。

案例5

销售人员："您好，请问是××广告公司的王总吗？"

客户："是的，请问您是哪位？"

销售人员"我是美好的李彤，前几天看到你们公司的采购计划，我这有个优惠方案，想与您探讨一下。"

客户："美好？是什么公司啊？"

这段对话中，销售人员将自己"模糊化"，让客户一时无法辨清，美好是一家什么公司，李彤是谁，客户并不知道，这就是个悬念，再加上这位销售人员自称有解决方案，一般情况下客户不会拒绝你。

（3）侧重性

在做自我介绍的时候，并不需要呈现自己所有的信息，而是要根据实际情况有所侧重，只说最有用的信息，甚至要特意强调出这些关键词，这些关键词对于客户来说是非常有分量的。

案例6

销售人员："您好，请问是××广告公司的王总吗？"

客户："是的，请问您是哪位？"

销售人员："我是美好广告的设计总监李彤，我们算是同行了，有一些业务合作上的事情需要与您交流一下。"

这段对话里的"设计总监""同行"等词就是关键，让客户听了有一种值得与你谈下去的感觉，无论是认识不认识都会继续谈下去。

（4）随机性

与不同的客户面谈，针对不同性格的人、不同氛围的环境，都要及时做出准

确的判断，从谈吐、举止、专业知识等多方面给客户一个良好的第一印象，为最终销售成功做一个好的铺垫。

值得注意的是，无论使用什么方式自我介绍，必须围绕两个中心展开：第一，让客户明确你的意图——你是谁？你为什么会在这儿？第二，让客户愿意和你交流，允许你继续说下去。

4.4 独特说辞，勾起客户心中小火苗

心理学研究表明，人们会对那些陌生的、独特的或极具特色的人或物产生好奇心。为此，销售人员在拜访客户时可以准备一些独特的说辞，来激发客户的谈话欲望。

"独特销售说辞"是一种推销理念，20世纪50年代由美国的罗瑟·瑞夫斯（Rosser Reeves 1910—1984）首创，英文为Unique Selling Proposition，简称USP，也有人翻译为"独特销售主张"。

案例
7

罗瑟·瑞夫斯曾经是弗吉尼亚银行的一名文员，在移居纽约后，他开始在广告公司工作。1940年他加入了贝茨公司，1961年，转战达彼思广告公司，并担任董事长一职。期间，他通过大量的实践不断发展自己的创意哲学，并撰写了一本名为《广告实效》（*Reality in Advertising*）的书，此书当时畅销一时，在广告界和销售界影响巨大。

也是在这本书中，他提出了"独特销售说辞"的营销理念。说辞，是向客户提供一个明确的信息，而不是用华丽词句堆砌而成，肆意夸大其词，对产品进行一番吹嘘。说辞必须独一无二，且是竞争对手没有提出或无法提出的一个点。

同时，提出的说辞必须要有足够的吸引力，也就是说，说辞要足够新颖，富有创意。

　　罗瑟·瑞夫斯认为，利用独特的销售说辞更有利于满足客户的心理需求，因为大部分客户对上门推销这种方式都有排斥心理，更何况面对陌生的推销员和陌生的产品，他们不会轻易地接受。如果能有那么一句或若干句话打动他们，就容易找到突破口。

　　在当今时代这种理论仍然没有过时，并经过不断丰富、发展和完善，具有了更强的针对性，在推销实践中被广泛运用，而且效果也非常不错。比如：

　　一位空调推销员说："您知道世界上最懒的东西是什么吗？"客户感到迷惑，但也很好奇。推销员继续说，"就是您藏起来不用的钱。它们本可以购买我们的空调，让您度过一个凉爽的夏天。"

　　一位地毯推销员说："每天只花一毛六分钱就可以使您的卧室铺上地毯。"客户对此感到惊奇，推销员接着讲道："您卧室12平方米，我厂地毯价格每平方米为24.8元，这样算是297.6元。我们的地毯可铺5年，每年365天，每天的平均花费只有0.16元。"

　　上述两位推销员利用独特的说辞，制造了活跃的气氛，化解了客户的拒绝，使得原本没有需求的客户重新燃起了购买欲望。一套有效的说辞并没有那么简单，销售人员应如何准备独特的说辞呢？主要有两个途径，如图4-4所示。

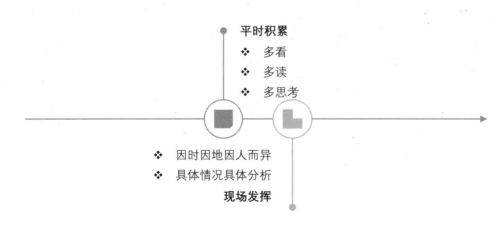

图4-4　高情商销售人员练就独特说辞的两个途径

（1）平时积累

　　良好的语言表达能力源于丰富的素材，而素材的获得全靠平时的积累。所以销售人员在日常生活、工作中，要养成善于观察、注意积累的好习惯。要把看到的、听到的对自己有益的素材记录下来，厚积而薄发，当语言素材积累到一定程度，自然会促使语言表达能力更上一层楼。

同时要注意，记录在本子上的素材不会自动转化为实际运用。要实现转化必须经过大脑思考。否则，长期积累的东西很难运用到实践中去。我作为一名长期做培训的人，对此深有感悟。每到一处都会遇到一些人，课堂上他们可谓是用心听讲，认真做笔记，什么理论、方法等等从不会落下。可为什么业绩没有提升呢？后来发现，他们没有对课堂上的东西进行思考。不思考，永远不会运用，不思考，一切都是浪费。

（2）现场发挥

所谓独特的说辞，它的特点就是独特性、唯一性，即每一场推销，每一位客户都应该有所不同。销售人员要学会根据当时的实际情况，适时地、灵活地对话术做出调整，从而更有针对性地进行推销。

独特的说辞可以吸引客户的注意力，但是每句话都应该与自己推销的产品或服务有关，千万不可一味地追求新颖而脱离主题，与推销的内容无关，说得再多也无济于事。

4.5 投其所好，谈论客户喜欢的话题

客户为什么不爱听你说话，最主要的原因是你没有做到投其所好。每个客户都有自己的兴趣、爱好，而大部分销售人员在与之交流时，没有很好地抓住这些，甚至只谈自己熟悉的、感兴趣的话题。与客户沟通时如果只习惯于以自己的认知、经验、兴趣为谈话的出发点，就很难取得客户的认同。

与客户交流应该投其所好，按照对方的兴趣、爱好来确定谈论话题，以更好地激发对方的谈话欲望，从而对你产生好印象。这是与客户交流的一个小技巧，找到客户的兴趣点，就相当于抓住了对方的命门。

案例
8

杨先生是某品牌白酒的销售代表，他的业绩非常好，与很多家饭店、酒店都达成了合作关系。唯独有一家大酒店不买他的账，两

个月来，虽然连续拜访多次对方都没动心。一次，杨先生甚至将样品放在了桌上，对方都没主动谈合作的事情，这让他有种久违的挫败感。

于是，他开始改变策略，不再贸然登门推销，而是通过各种渠道，多方了解这家酒店负责人的背景。最后他终于得知，这位客户十分爱好运动，经常与朋友一起到郊外练习射击。于是他便对周边地区比较有名的射击场进行多方了解，搜集了大量有关射击的资料，并且突击训练了射击技巧。

当再次拜访时，他没有提白酒的事，而是直接与客户谈论起射击的话题，说到兴致处双方当即约定一起去射击场。在射击场上，他这几天的精心准备终于有了效果，让客户刮目相看。在返回的路上，客户主动问起酒的事情，并透露出自己也正需要引进新的合作方。他趁机与对方谈论起来："我们的酒是目前市场上最畅销的一款……"

真正的销售就这样开始了，最后他顺利地拿到了订单。

例子中的销售员在了解到客户喜欢射击之后，就有意识地培养自己在这方面的知识和技能，从而形成了与客户的共同爱好。尽管有所欠缺，但同样可以顺利取得对方的信任和好感。他推销的成功之处在于，谈话时抓住了客户的兴趣点，并时刻创造机会，谈论客户喜欢的话题，从而奠定双方的沟通基础。

一般来讲，客户都不会马上对陌生的人、陌生的产品产生兴趣，很多时候都需要一个切入点，这个切入点就是谈论客户喜欢的话题，只要善于投其所好，就会收到事半功倍的效果。

可能有的人要问，我怎么知道客户的兴趣？拜访之前对客户进行调查、了解，尤其是对其兴趣爱好做个详细的分析是必要的，然后可以再针对此准备几个对方可能感兴趣的话题，但很多时候这种方法不够即时，在没足够的机会或条件对客户进行足够的调查研究时，该怎么办？这就需要销售人员的临场发挥能力，高情商销售人员的过人之处就表现在临场发挥上。

这种临场发挥可通过3个思路实现，如图4-5所示。

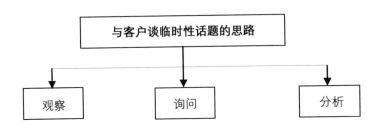

图4-5　与客户谈临时性话题的思路

（1）观察

销售人员在与客户谈话时，必须随时观察对方的表情、态度，且必须不断思考对方是否对这个话题感兴趣。简单来讲可从两个方面来观察：

1）脸部表情、肢体语言。

通常情况下，人们在聊到自己感兴趣的话题时会两眼放光、面带微笑，甚至还会表现出声音、声调亢奋。相反，当谈论不感兴趣的话题时会无精打采、心不在焉，表现出事不关己的神态。

2）所处的环境。

如果条件允许，可从客户所处的环境来观察。比如，看到办公室书柜上的书籍，可以判定对方是个爱读书的人，再根据所阅读图书的类型，就可以判断出对方对哪类书感兴趣；看到客户办公桌上的鲜花，说明对方是一个有生活情趣的人等。

所处环境最容易直观暴露一个人的兴趣爱好、学识品位等，所以仔细观察客户周边的环境以及客户的言行举止都是打开局面的最简单方法。

（2）询问

询问是指通过当时的谈话情景，有意识地提问来引导客户做出回答，得到自己想要的答案。比如，发现客户很爱看足球赛，就可以直接问对方"球技怎么样？""喜欢哪个球队"，以及"对某支球队的看法"等等。这些问题仅仅靠观察、猜测是很难判断准的，必须深入探讨才能得出结论。谈论的话题包括：

①体育运动、娱乐休闲方式等。

②在工作上曾经取得的成就或将来的美好前途等。

③与客户交流时下最热门的话题或重大新闻等。

④询问客户的孩子或父母的年龄、上学情况，身体是否健康等。

⑤询问客户的故乡或者最令其回味的往事等。

（3）分析

在观察、询问之后，接下来就要销售人员开动脑筋、积极思考、合理分析出客户最感兴趣的话题，然后投其所好。

有些东西只有经过合理的分析才能得出正确的结论，比如，你看到客户办公室桌上的女性照片，不能武断地判定这一定是对方的爱人，也许是姐姐、妹妹，也许是其他值得怀念的朋友。总之，这个时候就需要认真分析一下，把结果的几种可能性都要考虑到，最终结合其他条件综合判断得出结论，只有这样才能增加成功的概率。

选择客户感兴趣的话题，是一种"攻心为上"的销售技巧，它将以利益为目标的销售注入了浓厚的人情味，消除了客户的戒备和敌意，使生意在"一团和气"中完成。因此，销售人员在与客户进行销售沟通之前，一定要多花时间和精力对客户的喜好和兴趣等进行研究。

4.6 尊重客户，不反驳，避免发生冲突

在与客户沟通的过程中，尊重对方，并善于向对方表达尊重之意，是非常有必要的，是高情商的表现。因为每个人从内心深处都有被尊重、被认可的需求，也只有在尊重对方的前提下，对方才可能更愿意表达自己。

正所谓"同流才能交流，交流才能交心，交心就有交易"，相互尊重是交流双方更好地融合、同流，是交心的前提。有很多销售人员把客户分为三六九等，戴着有色眼镜看待客户，对于有购买意向的客户则满脸堆笑，毕恭毕敬；对没有购买意向或者缺乏购买力的客户则表示鄙夷，恶言相加。在销售过程中，这种销售态度是要不得的，每个人都需要尊重，都需要获得别人的认同，不尊重客户，产品质量再好对方也不会去购买。

朋友冯阳做服装批发生意，常年在生意场上打拼，练就一副爽快的性格。他有个口头禅"没问题"。别人求他帮忙，一口一个没问题，似

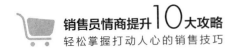

平没有他办不成的事。

　　代理商老刘是他的老客户，因有多次业务上的往来，彼此非常熟悉，每次见到他都像见到老朋友似的，特别热情。一次，老刘听说一批新服装即将上市，就想搞批货，问他能否帮忙多搞点，没想到我这朋友不假思索地说：."没问题。"老刘还不禁暗自欣喜："有这么一个'内线'，还怕生意做不成？"

　　几天后，老刘按照约定来提货，可左等右等也没看到冯阳的影子。于是，打电话过去询问，却听见冯阳支支吾吾，似乎在隐瞒什么。

　　老刘愈发疑惑，心想可能出什么意外了，紧跟着追问。冯阳就是不肯说话，费了好多口舌才了解到，原来他根本没有把这件事放在心上。老刘因此失去了一笔业务，而冯阳也彻底失去了客户老刘。

　　承诺，被认为是生意上最大的尊重，做出了承诺就一定要兑现，否则就会被认为是对对方的不尊重，上面的例子充分说明了这一点。这也表明有些销售人员对自己缺乏一个客观的认识和评价，说话办事不注重实际，不实事求是，在他人面前自吹自擂、得意忘形，最终不但办不成事，还会影响到与客户的正常交往。

　　从上述例子可以看出，销售人员要尊重每一位客户，无论对方是否购买你的产品，都一定要重视起来，并表示心怀感激。而对于客户的失误、过错，销售人员则要表示出理解和宽容，并想办法采取措施共同解决，找出补救和解决的方案，这样，客户会从心底里感激你。

　　尊重客户是销售的前提和基础，要想把产品销售出去，赢得客户的认同，首先必须懂得去尊重对方。只有尊重对方，才能让客户深深地对自己感兴趣，才能进一步引导客户喜欢上产品。那么，销售人员如何来向客户表达自己的尊重呢？具体内容如图4-6所示。

心理上 ┃ 努力建立与客户的相似性，避免冲突

语言上 ┃ 多用尊敬词，掌握说话时必要用词技巧

行为上 ┃ 充分考虑客户的立场，设身处地为客户着想

思想意识上 ┃ 根据客户的实际需要调整表达方式

图4-6　高情商销售人员向客户表达尊重之意的技巧

（1）努力建立与客户的相似性，避免冲突

杰弗里·吉特默曾说："如果你找到了与客户的共同点，他们就会喜欢你、信任你，并且购买你的产品。"事实证明，人们更愿意与容易相处的人做生意，尤其是与客户初次见面时，找到恰当的切入点，能够很快消除彼此的紧张感和陌生感。

人与人之间都会存在某些共同点，例如，相同的爱好、共同的生活环境、共同的工作、共同的兴趣爱好、共同的生活习惯等，甚至某些生理特征也会有共同点，例如脚比较大等。你需要发挥想象力，积极找到与客户之间的相似点，让客户对你产生亲切感，就容易拉近彼此的距离。

（2）多用尊敬词，掌握说话时必要用词技巧

表达尊重之意与说话技巧有关，为有效表达尊重必须掌握一定的说话技巧，比如在语速、音调、语气、措辞等方面要有意识地运用一些技巧。

尤其是措辞的选择方面，不同的措辞传达着不同的信息，销售人员在向客户表达尊重和重视之意的时候，要对词汇慎重选择，多使用一些积极性的词，少用一些消极的词汇。

比如，预约的客户比你提前到达预约地点，你可以说："非常感谢您的耐心等待"，而不要直接说"很抱歉让您久等了"。因为"抱歉久等"这个词实际上在无意识地强化了对方"久等"的这个感觉，而第一种表达方式换成了"耐心"，就没有了"久等"这个意思，而是强调"耐心"。

销售人员在说话时，措辞是非常重要的，要注意用词的准确性。表示尊重的词通常有：久仰、敬仰、恭敬、敬重、敬爱、崇敬、尊崇、爱戴、推崇、敬佩、贵公司、贵厂、贵方等。

（3）充分考虑客户的立场，设身处地为客户着想

俗话说"说者无心，听者有意"，双方在交流过程中，经常会出现词不达意，表达不一致的情况。由于用词不当，说话的一方或许觉得无所谓，但另一方却无形中受到了伤害。销售人员也经常遇到这样的情况，虽无恶意，但客户却有受侮辱、被讽刺和被取笑的感觉。

这主要与销售人员在说话的时候，没有充分考虑对方的立场有关。譬如对方正在犹豫是否购买，销售人员就要考虑一下对方犹豫的原因，而不是一味地问"为什么不买"；如果对方正在为价格高，而又没有足够的购买能力发愁时，就会有被羞辱的感觉。因此，销售人员必须学会站在对方的立场考虑问题，不要只是凭着自己的感觉去说话。

（4）根据客户的实际需要调整表达方式

世界上任何一个国家，任何一个地方的人都有一个共同的需求，那就是被尊重。但是，向每个人表达尊重的方式是不同的。销售人员每天要面对不同类型的客户，有任性的、有耐性的、性子急的、脾气躁的等等。作为一名销售人员，在与各种各样的人打交道时不能只使用一种腔调来说话。否则，一定无法和所有的人谈得来，比如，你慢待了一个脾气暴、性格直爽的人，对方会认为你不重视他。

所以说，销售人员要不断地调整自己的表达方式和言辞，针对不同的客户迅速转换话题，以便谈话顺利进行下去。

尊重客户不是巴结奉承，在向客户表达尊敬之意的时候，一定要掌握语言的火候，不要让对方感觉到你有不良意图。尊重是建立在平等的基础上的，销售人员在尊重客户的同时，也要有自己的原则，不能为了满足客户过度妥协，否则很难站在平等的位置去沟通、去交流。

第 5 章

巧破谈话僵局：
高情商销售人员陷入尴尬之际的
自我救赎技巧

与客户交流，尤其在双方产生矛盾、僵持不下时，特别考验销售人员的随机应变能力和现场处理危机能力，同时也是对销售人员情商的考验。在这种情况下，低情商之人往往会束手无策，被动应对，而高情商者则能打破僵局，化险为夷。

倾听	○ 必要时保持沉默
赞美	○ 恰到好处的赞美
提问	○ 多种形式的提问
示弱	○ 主动示弱，以退为进
变通	○ 善于变通，机智应对

5.1 认真倾听，保持必要的沉默会更好

俗话说"雄辩是银，倾听是金"，这句话在销售中显得更加重要。大部分销售人员都误以为只有自己有妙语连珠、出口成章、舌灿莲花之才，谈话时口若悬河、口齿伶俐才有成功的机会。其实这是一个误区，正如卡耐基所言，"倾听是一种典型的攻心战略，一个不懂得倾听，只是滔滔不绝、夸夸其谈的销售人员不仅无法得知有关客户的各种信息，还会引起客户的反感，最终导致销售失败"。

在销售过程中，很多销售人员都只顾自己说，完全忽略了客户的感受。殊不知，这已经触到了客户的底线，因为你占用了他们充分表达的机会。客户一旦产生这种想法，任你如何补救也无济于事。

有时候需要停下来听客户讲，你的倾听能让客户感受到自己被重视，从而更加愿意和你交谈。高情商销售人员，首先必须是个高明的听众，并懂得在什么时候需要停下来。

案例 1

有一次，与太太去商场想买一个空调，逛了两家商场才买上自己满意的商品。不是对产品不满意，而是对推销员不满意。在第一家商场，看中了一款××牌子的空调，店员对功能、价格做了简单介绍，我们本来非常满意。可就在最后阶段，旁边的店员一直在说个没完没了，我们几次暗示那位店员不用再介绍了，可他完全没顾及，最终太太心烦不已，一赌气离开了商场。

原因是我家一直使用的都是这个牌子，可以说对其非常熟悉，本想只要看中价格就直接购买。显然这位推销员并不知道我们的需求，过多的介绍是多此一举。来到第二家店，我们仍是在寻找自己钟爱的这个品牌，就在我们寻找的过程中一位店员走过来，热情地说："两位有什么需要帮忙的吗？"

我说："××牌空调在什么位置？"

听到我的话，这位店员就带来我们来到商场二楼的一侧，一看整排全是该品牌的空调。

"两位，这里全是你们需要的品牌，这两款是今年最新推出的，最近卖得比较好，重点推荐。"

太太循着店员的指向看去，店员同样介绍了这两款的价钱和优势之后，就一直站在旁边等候，看着我和太太嘀咕着商量。

过了一两分钟我问："这两款功能上有何不同。"

"其实……"店员不急不缓低声介绍着。

几分钟后，我便与太太决定购买那个较大的，店员陪同我们签单、缴款，整个过程非常顺利。

与第一位店员相比，第二位店员既热情又能够把握客户的心理，在整个推销过程中，说的话虽然不多，但似乎一切都在他自己的掌握之中，最终轻松与客户达成了交易。这就说明在推销过程中，一定要给客户留出充足的思考时间，即便需要解说，也只需要强调若干字眼就行，让客户自己做决定。

销售是沟通信息、联络感情，而不是辩论或演讲比赛，所以在听人谈话时，应持有虚心聆听的态度。有些销售人员觉得某个问题自己知道得很多，就中途接过话题，不顾对方的想法自己发挥一通；或者急于发言，经常打断对方的讲话，迫不及待地发表自己的意见，而实际上往往还没有把对方的意思听懂、听完，这都是不尊重对方的表现。一名高情商销售人员懂得给客户说话的机会，即使客户说的是无关紧要的话，也要做一名忠诚的倾听者。

有效的倾听可以帮助销售人员变得高效，那么，如何学会更有效的倾听呢？美国著名心理学家托马斯·戈登研究发现，倾听可以分为三个层次，具体如图5-1所示。

第一个层次　　　　　第二个层次　　　　　第三个层次

假装倾听。表面在听，内心可能考虑其他毫无关联的事情。　　只听其音，不听其内涵。即不加思考的倾听。　　边听边思考，可以从对方的话语中检索出有价值的信息。

图5-1　高情商销售人员倾听的技巧

一个人从第一个层次到第三个层次的过程，就是其沟通能力、情商指数不断提高的过程。

（1）第一个层次

这个层次的倾听是假装在听，听者完全没有注意说话人所说的话。表面在听，内心可能在考虑其他毫无关联的事情，或内心想着辩驳。他更感兴趣的不是听，而是说。这种层次上的倾听，导致的是关系的破裂、冲突的出现和拙劣决策的制订。

（2）第二个层次

人际沟通实现的关键是对字词意义的理解。在第二个层次上，听者主要倾听对方所说的字词和内容，但很多时候，错过了讲话者通过语调、身体姿势、手势、脸部表情和眼神所表达的意思。这将导致误解、错误的举动、时间的浪费和对消极情感的忽略等。另外，因为听者是通过点头同意来表示正在倾听，而不用询问来澄清问题，所以说话人可能会误以为所说的话被完全听懂理解了。

（3）第三个层次

处于这一层次的人表现出一个优秀倾听者的特征。这种倾听者在说话者的信息中寻找感兴趣的部分，他们认为这是获取新的有用信息的契机。高效率的倾听者清楚自己的个人喜好和态度，能够更好地避免对说话者做出武断的评价或是受过激言语的影响。好的倾听者不急于做出判断，而是感受对方的情感，他们能够设身处地看待事物，更多的是询问而非辩解。

据统计，约有80%的人能做到第一个层次和第二个层次的倾听，而达到第三个层次的倾听只有20%的人能做到。

因此，为了能够实现高层次的倾听，销售人员必须要专心：通过肢体语言、行为，如眼睛接触、某个放松的姿势、某种友好的脸部表情和宜人的语调等，建立一种积极的氛围，使对方感到被重视。

认真倾听客户讲话，会让客户感受到真诚和坦诚，更容易打消他们的戒备心理。同时这也是了解客户真实想法的有效方法，通过倾听，可以快速、有效地从客户的话中获得更多信息，并有时间对其进行分析。可见，做一个甘愿闭上嘴巴，倾听客户讲话的人，远比一个随时随地夸夸其谈的人更重要。

5.2 善于赞美，恰到好处的赞美胜过千言万语

赞美是世界上最美的语言，对他人施以赞美能最大限度地满足对方的心理需求。每个人都有被他人赞美、被他人欣赏的渴望，而且这种渴望是隐形的。希望被人赞美、被人接受，又不愿意直接表达，这更说明了人对这种需求的渴望程度。因此，我们一旦被他人赞美，都会欣然接受，如"你今天头发真漂亮，衣服真得体，你是个有气质的人……"这样的话任何人都不会拒绝。

有人做过这样一项调查，60%以上的销售人员会难以启齿赞美客户。学会赞美自己的客户，是一种非常有效的沟通技巧，作为一名销售人员，在与客户交流时不要吝啬自己的赞美之词。下面就是一个善于利用赞美性话语来接近客户，实现成功推销的范例。

案例
2

我认识的一名外语培训课程推销员，他曾经自豪地说："我能让所有人都买我的课程，至少不讨厌我。"

我问"为什么？"

他说秘诀特简单，就两个字：赞美。

有一次，他准备向一位非常有气质的女士推销，不承想自己还没说话，对方已经开口："我知道你们这些推销员很会奉承人，专挑好听的说，不过我不会信任你们，还是节省点时间吧！"说话时脸阴沉沉的。

他微笑着说："您说得很对，推销员是专挑那些好听的话来说，说得人家昏头昏脑的，像您这样特别有主见的人不会的。"

这时，女士脸上的表情像天气一样瞬时由阴转晴了，接着开始问一些问题，他都一一做了回答，其实就是一些赞美之言。最后他仍不忘赞美道："您的形象映射出了高贵的气质，您的语言反映了敏锐的头脑。"

女士听后，开心得笑出声来，很爽快地答应他的推销。

这位销售人员总结了一条铁律：没有不爱赞美的人，只有不会赞美的销售人员。

所以，在面对客户的拒绝或不愉快对话时要学会赞美，只要说到点子上就有可能打破那层"坚冰"。例子中这位销售人员从头到尾都没有忘记赞美客户，并通过赞美发现了客户感兴趣的话题，激发了客户的需求。

有人说，赞美一个人很难，我认为那是没有找对方法，找对了方法就会变得异常容易，赞美需要解决好以下两个问题：

（1）赞美什么？

给客户以赞美首先要解决的问题是，赞美对方什么。大部分销售人员都是有赞美意识的，也知道沟通时要多赞美对方，但具体实施起来就有些不知所措，不知道赞美对方什么，或者胡乱赞美。不符合事实的赞美会令客户产生怀疑，产生失望，甚至留下一个"你太虚伪，不值得信任"的坏印象。

每个人都有自己可赞美的闪光点，销售人员要善于观察，去发现客户身上的这些闪光点，包括兴趣爱好、事业、爱情、家庭、长相、言行举止等等。但赞美一定要围绕一个明确的点来展开，避免面面俱到，什么都赞美一遍就成了奉承。

如，"穿这件衣服特别适合您"

"您这个发型更显气质"

（2）如何赞美？

赞美的核心是用什么语言去描述，赞美是一种语言艺术，不同的语言可表达出不同的赞美效果。

赞美的语言有很多，下面是经常用到的句式，如表5-1所列。

表5-1　高情商销售人员赞美客户的技巧

赞美的方面	示例列举
赞美对方提出的看法、建议、提议等的句式	"您……很独特，让我受到了启发！""从……中可以看出，您在这方面很专业！"
赞美对方的气质、气魄、性格、内涵等的句式	"您看起来很……只有这种产品才更适合您！""真的很羡慕您有这么好……"
赞美客户家庭、事业、生活等的句式	"像您这样追求高品质生活的人，当然要选这种最有档次的品牌！""看你们……多幸福啊，全家人一起出来。"
赞美客户在某方面或者某领域做出特殊贡献的句式	"如果有机会，我一定要向您请教赚大钱的方法。""专家就是专家，提出的问题都和一般人不一样，全问到点子上了！"

续表

赞美的方面	示例列举
赞美客户姓名、服饰、发型等外在美的句式	"您父母一定很有学问，给您取了这么好的名字。" "您这套服饰/这个发型非常适合你，特显气质。"
其他	"一听讲话，就知道您一定是个很有影响力/很果断/很热情/很友好/思维很超前/人际关系很好/思考全面/很有品位的人！"

赞美性的语言，被视为是销售语言中非常重要的一种沟通技能，也是高情商的体现。赞美的目的是为了令对方产生好感，使双方的关系更融洽，但必须是发自内心真诚的肯定和赞美，才能产生这样的效果。

需要注意的是，赞美语言的选择也很重要，运用不当反而会弄巧成拙。因此，在实际表达时需要结合赞美的对象、场合选择，并结合语音、语气、肢体语言去把握。

赞美是沟通的润滑剂，也是拉近与客户距离的最有效手段。很多时候销售人员处理的不是问题，而是客户的心情，客户的情绪。高情商的销售人员都懂得在与客户沟通时一定要先处理心情，再处理事情；先处理情绪，再讲道理的技巧。也有专家研究，一个人如果长时间被他人赞美，其心情会变得愉悦，智商会有所下降。

所以，销售人员应该毫不吝啬地找到客户的闪光点去进行赞美，哪怕是最微小的细节，也能使客户感受到你的诚意与尊重，拉近彼此之间的距离。

5.3 巧妙提问，引导客户说出内心想法

巧妙提问，是销售人员沟通的一项重要技能，好的销售人员能够一针见血地提出问题，并分析对方的答案，从中发现重要信息，以抓住客户潜意识里的需求。可能很多销售人员常常会忽略这些，急于求成，从不思考。

高情商销售人员在与客户沟通的过程中，首先会对客户进行一番询问，然后适时地将产品介绍给对方。询问和了解，能够诱使对方购买你的产品。如果在销售对话中，你一直在说，没有问，就无法知道客户真正关心的是什么，主要的问题在哪里，还会给客户你在强行推销的感觉，一味地施加压力，而恰当的提问就会给客户阐述想法的机会。

陈明利是著名的保险推销员，在一次活动上，他仍以保险推销员的身份出现，而主持人被假设为一位大客户。在没有任何准备的情况下，两人展开了一段

精妙的对话：

案例 3

陈明利："X先生，我知道您是最富有的人，您的钱几代人都花不完，为什么不考虑为自己买份保险呢？"

主持人："我会赚钱，不需要保险，而且我宁愿把财产投入到自己热爱的慈善事业中去。"

陈明利："没错，我早听说您是全世界最具有爱心的人，可是您是不是也承认，生意有起有落，可能会经历一些风浪或低潮呢？"

主持人："对。"

陈明利："那您经历低潮的时候有没有想过，要继续为这个世界贡献自己的爱心？"

主持人："当然。"

陈明利："不管您这个人在不在，永远会这样，对不对？"

主持人："对。"

陈明利："如果我能够给您提供一份更好的计划，即使您有一天不在了，也会有很多人得到您的帮助，您愿意听听吗？"

主持人："当然。"

陈明利："那么，您觉得做慈善应该用多少钱才合适？"

主持人："我所有资产的一半。"

陈明利："资产的一半，非常好。现在我的计划是，以您资产的一半为保额，让你在百年之后仍然不用投资一分钱，便可以使很多的人从中受益。并且，全世界都会因为失去您这位慈善家，而永远永远、世世代代地怀念您，您觉得这个计划好不好？"

主持人："OK，谢谢！"

陈明利不愧为保险界的推销高手，在一问一答中轻松实现了与客户的良性互动，从而逐步把客户内心的真实想法"勾"了出来。一番提问之后话锋一转，转到"产品"推荐上来，整个谈话过程娓娓道来，疏而不漏。

仔细分析一下，陈明利的提问非常具有规律性和技巧性，自始至终围绕一个中心话题进行：慈善。技巧性在于他营造了一个互动性非常强的氛围，每提问一句，就会让客户回答一句。这就像教一个不会跳舞的人练习舞步，客户不会跳，就要引导对方跟着自己的节奏进行。提问的魅力就在于此，提一个问题就相当于退后一步，让对方回答就相当于再往前一点，就这样一跳一拉，就把对方带到你的节奏中来。

提问就像整场谈话的启动按钮，只要顺利开启了就可促进整场谈话的进行。在与客户谈话的过程中，销售人员一定要善于用问题辅助自己的谈话，或引起客户的谈话兴趣，或促使客户产生购买欲望，或控制谈话局面。总之，好的问题可引导客户逐步接近谈话目的。

那么具体该提哪些问题呢？主要有3大类，如表5-2所列。

表5-2　高情商销售人员的提问技巧

问题类型	作用	运用场景	举例
礼貌性提问	营造谈话气氛	礼貌性提问多指不求答案的提问，多用在刚会面之时，为了表达对客户的尊重和敬意，营造谈话气氛	先生（女士）贵姓？ 现在和您交谈方便吗？
好奇性提问	激发谈话兴趣	好奇性提问多用在谈话中断，或陷入冷场时，可激发客户的足够兴趣，给客户足够的想象空间，让客户顺利进入谈话的情景中	
影响性提问	挖掘客户需求	这种提问多用在谈话的高潮处，如客户迟迟不愿意下单，或者对产品的购买犹豫不决时。这种问题便于激发用户需求，让对方进一步认识到使用产品的好处，或不使用有什么坏处等	你知道这款产品的作用吗？ 你知道这款产品最大好处是什么吗？ 这么年轻，头发怎么白了这么多？

但不好的、不合时宜的提问也容易引起客户的反感，为了避免出现负面影响，销售人员在向客户提问时还应注意以下3点：

（1）不要过于直白

提问不要过于直白，以免触及客户的敏感点，如收入问题、年龄问题，是很多女性朋友不想提及的，类似的问题就不要问了。如果需要必须问，也要注意方式方法，避免过于直白。

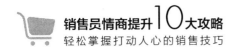
（2）把握提问时机

审时度势的提问，不仅容易立刻引起对方的注意，还可以根据自己的意愿把握谈判方向。提问时间的掌握，要依据客户本人、推销产品的情况及约见的时间、地点来决定。

（3）选择正确的提问方式

提问方式有很多种，如封闭式提问、选择式的提问等，每种提问方式都有自己的特点和规律，销售人员在具体运用时一定要精准把握，适时运用。常用的提问方式有5种，如图5-2所示。

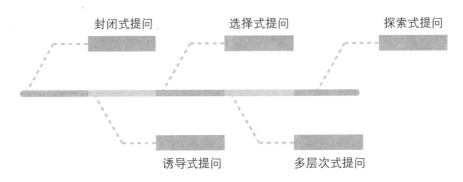

图5-2　高情商销售人员常用的提问方式

1）封闭式提问。

封闭式提问：只需要对所提的问题回答"是"或"否"；"有"或"没有"等答复的问句。如"您认为我们的产品售后服务没有保障？""您是第一次发现产品出现这样的问题吗？"等。

这种提问方式的特点是快问快答，优势在于能让销售人员更直接地获得某些特定的信息。同时，劣势也很明显，如语气比较强硬，威胁性较大，容易让对方感到隐私被侵犯、伤到对方的自尊。

2）选择式提问。

选择式提问是先提出自己的意见和建议，同时给对方特定的答案，让其在规定好的范围内进行选择。比如，"你是选红色还是白色？""你是今天付款还是明天付款？"等这类提问形式就隐含了对方的答案，会在某种程度上迫使对方做出选择。

选择式的提问也是直接获取信息的重要方式，值得注意的是，由于这种方式常常给人以一种强迫的感觉，因而只适用于自己充分占据谈话主动权的情况，否则很容易令谈话陷入僵局。

3）探索式提问。

探索式提问是针对客户的答复进行反问。探索式的提问要求销售人员采取一些技巧，以便探索新问题、挖掘需求，比如在提问的时候引申、举例说明。这类反问方式不但可以表达销售人员对客户的重视，而且可以进一步发掘客户更多的信息。如"按照您的说法，这样行得通吗？""您说保证能够如期履约，能给我一些事实依据吗？""如果我们按照您设计的方案实施会怎样？"

4）诱导式提问。

诱导式提问指的是，根据客户的需求循序渐进，由浅到深提出一系列的相关问题，旨在对对方的需求进行挖掘，或者给予强烈反对暗示，从而把对方的思路引导到自己的思路上来。这类问题可以逐步地减少对方的选择余地，使其按销售人员所设计好的答案回答。

比如："到目前为止，关于折扣问题，我方已经做出了很大让步，可以定为4%，我想，你方一定会同意的，是吗？"

5）多层次式提问。

多层次式提问一般会含有多种主题，即一个问句中包含有多种内容。比如，"你是否可将我们签约的背景、履约规则，以及违约责任具体介绍一下？"

这类问句由于包含的内容过多，可以使对方做出更周全、更详尽的答复。同时，对于销售人员自己来讲把握难度也大增。

5.4 主动示弱，哪怕自己占据着谈判优势

有人曾经把与客户的沟通过程比喻成一个圆，他说："人们常常都以为沟通是一条直线，我在这头，客户在那一头，只有从这头走到那头才可能达到目的。其实它是一个圆，只要转过身去，就会发现另一个更快达到目的地的途径。这个途径就是示弱，在与客户打交道时，善于示弱也是一种实现成功推销的途径。"

有时故意暴露自己弱点给对方，可以麻痹对手，从而找到反攻的良机。尤其是当客户表现得过于强势的时候，我们可以适当地放低姿态，适当做些让步。这就犹如拉弓，过度拉弓弦就容易断，生拉硬扯是不能取得好结果的，只有顺应对方的话题和心态，才能退得巧妙。

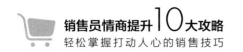

案例
4

　　邵兵是某外贸公司的销售经理，在一次贸易洽谈中他就巧妙地运用了主动示弱，以退为进的策略。

　　对方想通过邵兵购进一批机器设备，已经达成初步意向，这次谈判就是商定具体的交易价格。

　　谈判一开始，对方就要求中方作为卖方主动报价，陈述购买的具体情况。邵兵镇定地说，"经过商定，这批机器的市场价为每台1.2万美元，5台总共6万美元。"

　　当中方表达了自己的想法之后，对方代表认为价格过高，要求降价，并表现出了强硬的态度。经过几轮谈判，对方始终不肯做出一点让步。为了促成这笔交易，邵兵等中方代表主动示弱，同意对方降低1个百分点的要求，看其究竟要怎样。

　　邵兵尽管已经做出了让步，可对方在签合同前，又提出：中方应该承担运费问题。由于合同中没有规定谁负责运费，让对方代表钻了个空子。

　　此时，邵兵表现得十分冷静，坐在椅子上只说了一句话："这样吧，这个问题我会慎重考虑的，不过此时无法给你准确的答复。你看，现在正值中午，到了用餐时间，我们先去用餐怎么样？"

　　邵兵不温不火的态度，令对方感到不愉快，只能同意暂时休会，并无可奈何地说："好吧，我是不会再重复这些问题了，利用中午休息的时间，我希望贵方好好考虑一下，下午听你们的意见。"

　　下午，邵兵找到了以往的销售案例以及国际惯例，对对方这一要求进行了有理有据的反驳。在事实面前，对方也取消了这一不合理要求。

　　这就是典型的示弱法，其实，示弱并不是真弱，而是一种曲线救国的方法。通过示弱，能够以退为进，赢得最终的成功。无论何种形式的示弱，都要以强劲的实力作后盾，否则，只会弄巧成拙，一事无成。

　　受自尊心的驱使，人们总是对自己的缺点和短处讳莫如深，不甘示弱。然而，很多时候，当你放低姿态，主动示弱时，反而更容易获得主动权。以退为进是一种销售策略，如果对示弱巧妙地加以运用，它会成为赢得成功的有力帮手。

示弱在市场竞争中和商品销售中越来越广泛地受到商家的青睐，恰当的"自贬"，有时反而会出奇制胜。

具体来说就是在说话和办事上，一定要体现出"软"字：会说"软"话，会办"软"事，具体内容如图5-3所示。

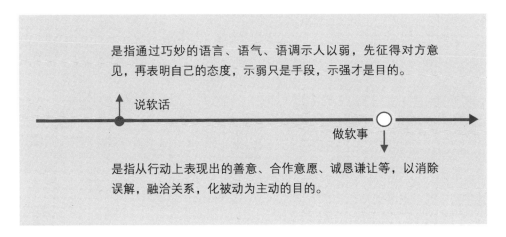

是指通过巧妙的语言、语气、语调示人以弱，先征得对方意见，再表明自己的态度，示弱只是手段，示强才是目的。

说软话

做软事

是指从行动上表现出的善意、合作意愿、诚恳谦让等，以消除误解，融洽关系，化被动为主动的目的。

图5-3　"软"字的含义

然而，示弱要注意一个"度"，示弱并不是降低姿态，做一些逢迎、巴结之事，而是更好地保护自己，为自己套上"软甲"，使自己先立于不败之地。这个"度"很不好把握，并不是所有的人都懂得使用示弱这种策略，因此，销售人员在使用时应注意3点。

（1）首先，示弱要选择时机

这里的时机包括两层含义：一层是时间上的把握，另一层是看情境，根据实际情况去应对。

时间上不宜早也不宜晚，过早的话就会进一步抬高客户对你的期望，甚至可能会使对方得寸进尺；过晚的话，就会给对方留下没有诚意的感觉，使自己处于很被动的地位。

在把握示弱的情境上，需要多下功夫，如果没有丰富的临场经验很难做到。这里就对几种常见的示弱情境做简要的概述，具体内容如表5-3所列。

表5-3　示弱适用的场景

适用场景	具体方法
陷入僵局，双方僵持不下时	可通过示弱来让使对方松口，这时候即使是非常小的让步也会显得很有价值
有利局面已经或即将确定时	适当示弱，力度可大些，因为此时的示弱是为了巩固已确定的有利局面，是放长线钓大鱼的一种策略
局部没有达成协议时	对己有利的大局已经确定，可在细枝末节的小问题上示弱。比如，在保证利润的前提下在价格方面的松口，或者根据双方的诉求提出解决问题的折中方式等
谈判基本无望时	与前三种情景截然相反，也就是说在最后关头使出杀手锏，多有赔本赚吆喝之嫌。这时要尽一切可能示弱，做出让步，在合乎规定的前提下一切有利于协议达成的方法都可以使用

（2）其次，示弱要知己知彼，明确双方的态势后才做决定

知己知彼才能百战百胜，让步也不能只专注于最终的目标，而应该注意双方的实际需求，明确双方的形势，对自己和客户的利益得失进行充分权衡。作为一名销售人员必须明确地知道，自己与客户之间既有一定的矛盾，又存在着利益关系。但是只要你能时刻关注并把握客户的需求，在某些非原则问题上做出让步，这种矛盾可以最小化。

（3）最后，示弱的话不要说得太满，时刻为自己留有余地

为了掌握全局，要随时注意自己让步的次数和程度。有的销售人员做了让步后想要反悔，又十分不好意思。其实，这就是没有给自己留有余地的后果。在做出让步之前，千万不要过快或过多地让步，以免对方过于坚持原来的要求。比如，报价的时候，一定要替自己留下讨价还价的余地，可以在合理范围内报价高些。或者适时地隐藏自己的要求，让对方先开口说出他所有的要求，然后根据对方的要求去适时地让步。

买卖双方的协议很多时候就是靠相互妥协而达成的，因此，有意无意地示弱，以期让对方满意是一种非常好的谈判策略。后退是为了更好地前进，古人云："退一步，海阔天空"，在不顾一切向前冲的时候，不妨退一步、转个弯、绕个路。

5.5 善于变通，与否定自己的人和谐相处

物以类聚，人以群分，每个人都愿意与自己喜欢的人，或喜欢自己的人在一起。从人际关系学上看这并不是好现象，健康的相处方式应是与任何人都能很好相处。在复杂的人际关系中左右逢源，能自如地与任何人相处，即便是反对自己的人，这就是高情商之人最大的特点。

据一项心理学研究表明，人与人交往时最难的处境就是别人处处否定你，这是对身心的最大伤害。推销时，被拒绝、被否定是家常便饭，那么该如何与这些反对、否定和拒绝自己的客户相处呢？有4点需要格外注意，如图5-4所示。

图5-4 与否定、拒绝自己的客户沟通的4种方法

（1）逆向思考

人人都不喜欢反对、否定和拒绝自己的人，但我们可以逆向思考这个问题，对方为什么反对自己，否定自己？一定是已经有所了解。所以，在面对反对、否定和拒绝的客户时，可采用逆向思维进行思考，将问题转移到客户"意想不到"的方面，让他们产生"恍然大悟"之感，从而对你和你的产品产生好感。

之所以进行逆向思考，是因为我们面对的大部分是陌生客户，他们的反对并非真心反对，而是由于不了解、不知情。为了消除这种陌生感，销售人员必须主动些，当有人反驳自己时，应先给予肯定，要在讲话的时候风趣幽默一些，营造一个轻松愉快的谈话氛围。

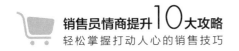
（2）巧用反话

正话反说，是应对他人否定自己、反对自己时的一种重要的"破冰"技巧，在特定的场合下，会收到出其不意的良好效果。

案例 5

古代有个皇帝非常喜欢打猎，一次他出宫打猎，护卫们把农田全部破坏了。当地的县令十分着急，急忙前来拦着皇帝进行劝阻。可皇上不听，这位县令还被皇上的护卫们打了一顿，非常无奈。

这时候，皇上身边有一个随行官员，站出来对县令说道："你太放肆了！你难道不知道皇上喜欢打猎吗？你为什么不把这些农民全部关起来，让他们没田可种，这样田地荒废，皇上不就可以好好地打猎了？"

皇上听完微笑起来，明白了这位官员的意思，于是下令再也不得因为狩猎而破坏农田。这件事就被这位官员的正话反说技巧，巧妙地解决了。

这位随行官员非常巧妙地利用了正话反说的口才技巧，故意把事情说成一个相反的极端，让人听起来不得不觉得妙不可言。反说出来的话可使交往僵局变得顺利起来，让听者在比较舒坦的氛围中接受信息。正话反说也是交谈中的技巧之一，其特点就是字面意思与本意完全相反，让听者自觉去领悟，从而接受。

（3）善于自嘲

面对困境，最好使用自嘲性的语言来缓解。自嘲，是一种境界，需要气度和勇气，仅凭着这点客户也不会让你一人独自"幽默"。

第二次世界大战接近尾声时，丘吉尔及其保守党在英国大选中意外被工党爆冷取代，丘吉尔不失洒脱地引用了一句古语："对自己的领袖无情，是一个伟大民族的特征"。这样的话，不仅体现了自己的大度，还为自己留有后退的台阶。

（4）幽默化解

洞察力和观察力，是幽默的重要方面，因为很多时候幽默需要就地取材。在日常交流中，需要细心观察，认真体会，只要有了敏锐的洞察力，才能捕捉更多信息，获得更多的素材，然后以恰当的比喻和诙谐的语言表达出来。

幽默风趣的语言，是打开销售成功之门的一把钥匙，其独有的感染力、吸引力能使得客户在会心一笑之后，消除内心的陌生感和厌烦情绪，从而对产品和销售人员另眼相看。

5.6　机智应对，避免冷场带来的尴尬

如果有人问，在整个推销过程中什么时刻最困难，我会毫不犹豫地说"冷场时"。其实无论什么场合，不管是交谈、聚会或者是谈判，冷场都是令人尴尬的局面。在人际关系中，冷场无疑是一块"冰块"，一旦打不破，所有人都会陷入冰冻状态。很多销售人员也有同样的感受，一旦陷入冷场，就意味着交易面临着失败。

然而，有句俗话说得好："方法总比困难多"，高情商销售人员应该有破解这种场面的信心和决心，困难再多，也要能找出解决的方法，千万不可坐以待毙。这就需要销售人员有超强的临场反应能力，消除尴尬给客户带来紧张。

案例
6

一位销售人员拜访客户，双方第一次见面略显紧张。忽然，他注意到对方的办公桌上放着一盆仙人掌，就故意碰了一下，且"哎呦"叫了一声。

"怎么了？"客户忽地问。

"我很幸运，不小心扎了一下。"

"那是不幸。"

"幸运扎的是手，不是眼睛。"

说着说着双方都笑了……

上述案例中的销售人员主动寻找话题，打破了初次见面的尴尬，从而保证谈话的顺利进行。其实，打破冷场尴尬局面做到一点就够了，那就是主动。主动找话题，主动鼓励对方多说话，主动认错，甚至主动露破绽、降身价等。只要主动一点点，局面往往就会得到扭转。

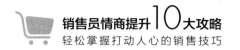
因此，在与客户沟通过程中可以多运用以下3个小技巧。

（1）主动鼓励

如果是自己太过于盛气凌人，使对方反感而造成的冷场，自己要注意谦虚，多想想自己的短处，适当的夸一下对方的长处。

如果是自己太过于架子大，使人敬而远之，而造成双方的冷场，那么在交谈中我们自己应该主动和随和些。

如果是自己一说起话来就滔滔不绝，导致了对方的冷场，自己则要注意讲话适可而止就好，要给对方说话的机会。

（2）自露破绽

自露破绽即故意将自己的缺点和短处暴露出来，如装作不懂的样子，故意说些错误的观点，做些错误的举动等，以给别人纠正的机会。因为，销售人员相对于客户来讲总是站在比较有优势的位置，有时表现得过于专业，会令客户讲些什么都有所顾虑。

但如果对方能适时插言，表达自己的观点，会让对方产生优越感，对方肯定愿意多说一些。一般人的心理总是喜欢教别人，而不是喜欢受教于人，相信这是我们每个人都有的共同点。

（3）自降身价

如果是因为过去曾经发生过摩擦而造成的冷场，那么自己就应该表现出高姿态一点、大度一点，自降身价主动把过去的隔阂抛在脑后，像什么都没有发生过一样。

如果是因为双方不了解，而不知道具体该交谈什么的话，那么你应该主动做自我介绍，尽可能地把交谈涉及更广的领域，在这之中肯定能发现双方的共同兴趣，这样就不愁没有共同话题了。

第6章

先做朋友后做交易：
高情商销售人员都善打
"情感牌"

产品可以同质化，但卖产品的人却无法完全一样，因此即使产品相同或类似，我们也应该相信自己可以做到与众不同。与众不同归根结底取决于如何社交，销售中的社交技巧有很多，如登门拜访客户，经常向客户问候，善于利用自己个人优势加深与客户的来往等。一个不会社交的人，情商肯定很低，哪怕他所在企业知名度再大，产品质量再好也很难说服客户。

加强情感往来，将客户当朋友

在这里我要揭露一个谎言，那就是"生意场上只有利益，没有朋友"，这是最大的谎言。诸多事实证明，只有你将客户当朋友，在生意中注入情感，交易才会更顺利、更稳固。

一家医药公司的销售人员每天都在忙碌的打电话、找客户，可公司业绩却始终上不去。医药类产品按说是重复消费型的，可公司却很少有回头客。为什么会这样呢？老板为此很苦恼，后来他调取了每个销售人员的客户档案，研究后发现了一个奇怪的现象：大家每天都在忙着找新客户，而对那些已经购买过产品的老客户则从不拜访、过问。

与几个销售人员谈话后，老板才得知，他们认为只有不断找新客户才会有业绩，至于老客户，如果他们有需要自然会主动上门。此时，老板才恍然大悟，正是员工有这样荒唐的想法，才导致业绩的低迷。

后来，这位老板制订了一条硬性的规定，要求每位销售人员都必须要与老客户定期保持联系，定期回访、拜访，并详细做好回访记录，以此来督促他们对老客户的维护。经过两年的积累，公司效益终于有了起色，业绩随着老客户的重复消费水涨船高。

对于销售工作而言，同样也不仅只有交易，还有情感沟通，除了要推销自己的产品，还要不忘与客户保持联系，加强来往。如经常发一条微信、打一个电话，尽管这些都是简短的问候，但往往效果甚大。高情商销售人员不仅要在销售过程中表现出色，在销售结束后也依然会与客户保持良好的关系。

所有的一切事物，都要学会去链接。情感的关系大于利益关系和合作关系，要与客户有深层次的情感交流，尤其是与老客户保持良好的关系非常重要。很多销售人员在心里都抗拒与老客户保持联系，认为这是浪费时间，这是极其错误的想法。

准确掌握与客户接触的频度，可以提升客户对自己的信任。即使是已经建立信任关系的客户，也需要定期拜访，加深感情。与客户保持联系不仅可以使工作变得有效率，还可以通过老客户结交到新客户，从而保证业绩能够稳定增长。

那么，如何才能争取到与客户更多的接触机会呢？可从以下4点入手，如图6-1所示。

图6-1　高情商销售人员加强与客户接触的4种方式

（1）上门拜访

现如今，随着网络的发达和普及，拜访客户不用再上门，大大提升了拜访率。然而，很多时候上门拜访仍非常有必要，因为这代表着一种情感。

拜访并不需要必须以推销产品为目的，还可以以朋友的身份互访。与客户做朋友，不仅可拉近与客户的距离，还能得到其介绍新客户的机会。要注意的是，拜访的次数和频率不能过高，否则会引起客户的反感。

（2）给客户提供有价值的信息

尽管不是正式拜访，但仍可大大增加接触的机会，可以将公司内有关产品的最新信息定期发给客户，尤其是对于那些愿意知道这些消息的客户，让他们随时了解产品的最新动态。

（3）赠送礼物

公司每年都会在重大节日为老客户准备礼物，销售人员只需"借花献佛"即

可。当然，销售人员也可以自行送一些小礼物，礼物不分贵重，只要能够投其所好便可。送礼物是一种最受欢迎的方法，中国有一句俗语叫"吃人家的嘴短，拿人家的手软"说的就是这个道理。

（4）微信联系

随着微信的普及，现在每个人都有了自己的微信。销售人员正可以利用微信与客户经常聊聊天，关心一下客户，尤其是在节假日或与客户有关的日子问候一下，更会让客户感觉到你很在意他，也能够增加对你的好感。但要把握分寸，注意时间，避免打扰到客户。

以上这些只是常见的几种方式，销售人员还可以根据不同的客户制订出不同的回访计划。总之，在开发新客户的基础上，不能忽略老客户，常与老客户聊聊天，你会收到意想不到的结果，前提是一定要坚持。

销售传递给顾客的第一印象应该是：我就是你的朋友，我今天与你见面就是和你交朋友的。现在竞争都很激烈，在同样质量、同样价格、同样服务的情况下，若想竞争过对手，只有凭交情了，如果你比对手更用心的对待客户，与客户结成朋友，这样谁还能抢走你的订单？

6.2 用问候架起通向客户内心的桥梁

为与客户的关系更融洽，必要的问候是十分重要的，它是整个谈话过程的"润滑剂"，是减少双方心理障碍的有效的"催化剂"。

案例
2

我一向重视对客户的问候，在微信群中认识了一位做服装生意的老板，初次聊天双方沟通得非常顺利。

谈话中我意识到对方是个特别小心谨慎的人，所以并没有当即推销产品，而是先聊些其他的话题，熟悉熟悉，沟通沟通感情。尽管最后没有实现成交，但是我已经明显感觉到对方已经对自己有所好感和信任，只要保持联系、加深了解，相信不久就会实现长期的合作。

　　认识这位客户之后的一周，正好赶上中秋节，这天是全家团圆的日子，对于大部分在外做生意的人来说非常重要。于是，我将一条热情洋溢的祝福短信发给了对方，并顺便提了一下中秋节过后上门拜访的事。

　　果然不出所料，当我再次拜访该客户时，对方果然热情了很多，趁此机会，我与他商量确定了品种和数量，对方很快就下了单，几分钟后我就收到了货款。自此以后，我们不但成为长期的合作伙伴，更成了生意上的好朋友。

　　见面时谈天气冷暖之类的应酬话，不仅能表达对客户的关心，还能化解双方初次相见的尴尬。说到这，可能有人会说，不就是寒暄嘛，有什么值得一提的！的确，通常意义上的"问候"可以聊些无关的话题。可生意场上的"问候"并不能这么做。这种承担着重任，即要打开谈话的话题，可以让客户觉得和你有话可谈，甚至与你成为知己，相互之间建立信任，这对于一个销售或者业务的新人尤其重要。

　　由此可见，生意场上的问候，与我们平时见面的问候是有区别的，它具有很多自身特色。比如，有明显的目的、针对性强，讲究原则、方式方法、场合场景。那么销售人员该如何问候客户呢？接下来就介绍最常见的3种方式，如图6-2所示。

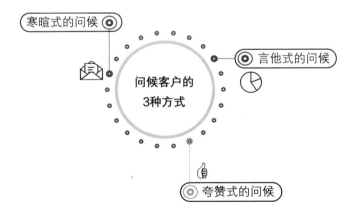

图6-2　高情商销售人员问候客户的3种方式

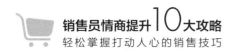

（1）寒暄式的问候

这种问候通常出现在比较熟悉的两个人之间，如果你与客户已经突破了初次交往的局限，关系比较熟悉则可以这样问候。这样会显得更加轻松自如，可以加深关系，增进友谊。寒暄式的问候有很多种，可以根据如表5-1的情况进行。

表5-1　问候客户的常用类型

问候类型	特定情境
礼貌性的问候	"您好""早上好""晚上好"等
表现思念性的问候	"好久不见，你近来怎么样""多日不见，可把我想坏了"
关心性的问候	"最近身体好吗""生意好吗""最近工作进展如何，还顺利吗"
职业性的问候	对上班族可以问："工作忙吗"；对老师可以问："今天有课吗"；对生意人可以问"近来，生意进展得怎么样啊"等等

（2）言他式的问候

这种寒暄可以用一个成语来概括：顾左右而言他，即有意避开本题，用别的话搪塞过去。在与客户交流时，可根据当时具体的场合、环境作为谈话的开头，比如，正值上班时间，可问"能打扰一下吗"；你与对方约在郊外，今天天气不错，可问"今天天气很好啊"；知道对方喜欢高尔夫，可问"你一定经常参加体育运动吧"等等。

这类问候语是借助外在的环境因素来作为谈话的媒介，是推销和商业谈判中常用的一种问候方式。特别是陌生人之间见面，如果一时难以找到话题，就可以这样说，来打破尴尬的场面。

（3）夸赞式的问候

希望被他人认可、赞美是人的天性，心理学家研究发现，给人以赞美能够使人们在平和的精神状态中度过幸福人生。作为一个销售人员，见到客户可不要忘记赞美对方，恰当的赞美会很容易被对方接受和认可。比如，你的客户穿了一件新衣服，你可以用赞美的口吻说："张女士，今天你穿上这件连衣裙更加漂亮了"。但是，赞美性的问候语又有自己特点，销售人员在运用的时候要注意。

问候用语要恰如其分，最好是一带而过，而不是刻意地对对方夸耀一番。否则，对方会感到你表演的成分多。

态度要真诚，语言要得体。赞美性的问候语作为客套话，能够为彼此的交谈制造融洽气氛，但说的时候要妥贴、自然、真诚，不要夸大其词。

要注意赞美的对象，对不同的人应使用不同的问候语。在赞美的时候一定要根据不同的对象调整自己的用词，毕竟男女有别，长幼有序，彼此熟悉的程度也不同，问候时的口吻、用语、话题也应有所不同。

另外，要注意交际场合和时间。在不同的场合，不同的时间使用的问候语也不同，一般场合则可以随便些，庄重的场合则要严肃些。有的人不分场合、时间甚至在厕所见面也问人家"吃饭了没有"，使人啼笑皆非。

值得注意的是，与客户问候千万不可攀亲戚，有些销售人员习惯与客户称兄道弟，沾亲带故，这就成了大忌，一定要避免。

6.3 亲自登门拜访胜过百次煲电话粥

随着信息时代的到来，移动通信越来越发达，和客户的联系也越来越方便、快捷，于是销售人员也开始通过手机"谈生意"。但是，销售毕竟是在与人打交道，不只是商品的买卖关系，在销售过程中如果缺少了情感因素，合作关系就会变得比较脆弱，客户稍有不满意就会随时与你中断合作。但见过面以后就不一样了，见面后，客户会对销售人员有一个直观的印象，沟通起来也比较容易。如果是多次见面，效果会更加不一样。

曾有调查数据显示，1%的销售是在电话中完成，2%的销售是在第一次接洽后完成，3%的销售是在第一次拜访后完成，5%的销售是在第二次拜访后完成，10%的销售是在第三次拜访后完成，80%的销售是在第4～第11次拜访后完成。

拜访客户的目的是为了通过与客户面对面地沟通，增加双方的信任和相互了解，增进彼此的感情，巩固以后的合作关系。

案例
3

我对大量销售人员做过研究，总结得出一个结论，即80%的销售人员在推销中都有急功近利的心态，总是想一次就签单成功。怀着这样的心态，成功的概率非常小，结果就是遭到客户无情的拒绝。

多次登门拜访的过程中，随着会面次数的增多，客户对你的好感也会不断上升。为什么要经常上门拜访客户呢？因为拜访是一项复杂的系统性工作，需要按流程走，不可能一次就完成。因此，每次拜访都有不同的目的，比如，礼节性的拜访、产品说明和演示、促成签单、收款、售后服务、抱怨处理和索取介绍等。第一次拜访往往是礼节性的，目的在于拉近双方的关系，建立情感；而后再次拜访才可能正式推销；而推销成功之后不可能就万事大吉，还需要做好售后拜访工作，提高客户的满意度。

只有坚持不断拜访，才能打动客户。但是拜访也是需要技巧的，具体来说有以下几点：

（1）带着目的去拜访

每次去拜访客户之前都要带着目的，即明确此行的意义，不能盲目约见，否则就失去了拜访的意义。如初次见面，目的是给客户留有一个好的印象，了解客户的需求。

只有每次都带着目标去，拜访结束后才会有成就感，与客户的关系也才能稳步提升，为签单奠定基础。

（2）了解客户的信息

要想全面了解客户的信息，光靠一个电话或者一次拜访是根本不可能完成的。因为销售人员在与客户交流时，不能像记者做采访一样，专门针对主要信息询问，所以就需要多次拜访，才能将客户信息了解透彻。

以一个企业级客户为例，销售人员就需要了解如表6-2所列信息。

表6-2　客户信息的基本内容

企业信息	企业实力、规模、信用，在行业中的地位； 企业对产品的需求量，以往有无使用过，使用情况如何； 负责人在公司的职责，具体负责的事项，有无决定权等	个人信息	消费习惯； 个人偏好； 对产品的看法； 有什么顾虑等

除了要对客户公司的信息做一个了解之外，对客户的个人信息也不能忽略，比如客户曾获得过的荣誉，对所属行业的看法、顾虑等。了解这些信息，不仅更容易获得客户的好感，还可以引起客户对自己的重视，为业务的进一步拓展做铺垫。

（3）准备好应对客户的质疑

对一些比较敏感的问题，如公司情况、产品优势、技术含量、价格浮动、付款方式、售后服务、竞品分析等销售人员必须对答如流，如此才能彰显出销售人员的专业水准，赢得客户的充分信任；对一些专业性问题（如具体的技术参数等），销售人员也一定要提前做好功课，以备不时之需。但应注意的是，在介绍自己公司的产品时，切勿评价竞争对手的产品，可以将两种产品的参数拿来做对比，但一定不能故意诋毁，只有这样才能赢得客户对你的赞许。

（4）合理安排拜访进程

在拜访客户的准备工作中，要根据拜访目的、拜访计划、客户可能留给自己的时间合理安排拜访进程。先说什么、后说什么，每个内容用几分钟时间都要一清二楚，避免在拜访中出现这种情况：还没有涉及主要问题客户已失去耐心；客户谈兴正浓时到了下班时间。

拜访是为了使客户记住你，使客户在有需要时首先想到的就是你，最终达成销售。但是拜访工作除了要注意连续外，更要注意采用正确的策略：首先是加深客户对你的印象；其次是为每一次拜访找到合理的理由；最后还要注意两次拜访的时间间隔，太短会使客户厌烦，太长会使客户淡忘。

6.4 客户拜访需要注意4个细节

（1）每次见面都有借口

每次拜访时要留下伏笔（下次拜访的借口）。没有借口的拜访，例如："我路过，所以顺便来看看"；"没什么，过来问问情况吧"，会使人对你产生随便轻率的感觉，"既然你顺便来看看，对不起，恕不奉陪"，信任就很难在相对更短的时间内建立起来。如何找到借口呢？送一份资料、上一次未解决问题等等都可以。例如："李总，您今天提出的问题，我回去和专门负责的技术人员探讨后做出方案，周五拿过来和您探讨，你看行吗？"这样的总结语，既约定了下次见

面的时间，也恰如其分地找到了一个见面的借口。

（2）注意掌握频率

拜访是为了获得客户的信任和认可，反复的拜访，可以积累更多的机会和信息，提升销售成功的机会。虽说拜访多多益善，但是恰如其分还是更好一些。如果对于客户的拜访次数过于频繁，可能使得客户产生厌倦、疑虑、烦躁等心态，不利于良好关系的保持；而拜访频率太低，可能导致关系逐渐疏远，无法得到及时的消息，从而影响关系的建立。总之，频率要根据客户的个人喜好和工作习惯来进行确定。

（3）重点要放在下班后和办公室以外的拜访

工作场所的拜访满足的是客户的组织需求，而工作场所以外的拜访满足的是客户的个人需求。尤其当拜访涉及一些私人或者与公事无关的因素时，再在办公室聊天就显得不够妥当，不但会影响客户的正常工作效率，客户也会有很大的顾虑，如担心在企业内部产生不好的影响等。

（4）日常工作拉近距离，关键事件升华感情

有时候客户拜访的频率并不低，但依然客客气气相敬如宾，双方的关系无法更深地突破。此时你可以抓住客户发生的关键事件，如：客户生日、生病、企业遇到难以解决的问题等等，及时送上关心或帮他解决问题，那关系就会有突破性地进展。

6.5　拜访客户不忘"送"点礼物

送礼是一门艺术，人的感情具有物化性，仅用话语来表达你对客户的关心和友谊不太实际，还要运用一些小礼品来沟通你与客户的关系。礼物，可能只是一件很小的东西，并不是多么贵重，但却能起着重要的作用——当小礼物被送到客户手中时可能会改变你与客户的关系。

我有个同学，是做医疗软件项目销售的，有一次，他开发了一位重要客户，但通过数次拜访，仍是拿不下订单。后来，他了解到，客户有一个8岁的女儿，很喜欢绘画，更重要的是，客户特别宠爱女儿，将其视为掌上明珠。通过这一信息，我同学开始四处搜寻绘画故事，并将找到的绘画装订成册，配上精美的包装。

　　我同学原本只是希望让客户对自己有一个好印象，可没想到深受客户欢迎。礼物送去没几天，客户就主动打来电话表达谢意，并要求见面谈谈。结果，就在这次面谈中达成了交易。

　　送礼虽然是有讨好的意思在其中，但却不一定非要达到某种目的。如果目的太明确，会使客户有种压力感而拒绝接受。不如当成一种普通的礼仪，反而会收到意想不到的效果。

　　销售人员在送礼物时，一定要送得恰当，否则不仅达不到联络感情的目的，而且还会破坏关系。所以，"送礼别失礼"，如图6-3所示内容是特别需要注意的。

图6-3　高情商销售人员赠送礼物注意事项

（1）选对礼物

　　对客户来说，礼物不在于贵贱，而在于心意，让客户感觉到你确实是在关心他、重视他即可。比如，客户是老年人，就可以送一些健康类产品，如保

健器材、保健品、营养品等，既能显示对客户的尊敬，又可以提醒他注意身体健康。

（2）注意时机

送礼也要选对时机，否则送礼的作用就会大打折扣。比如说，只有过年过节才送，平时一点不送，这也是不行的，因为过年过节送礼的人很多，你送的东西很可能被淹没在成堆的礼物里面，对方根本注意不到你，也就谈不上对你有特殊印象了。所以说，除了过年过节之外，平时也需要送礼。可以在每次拜访时带一件小礼物过去，或是直接快递过去，偶尔快递给客户一个小礼物会比拜访时送过去更有新意。

（3）不要特别在意价格

很多人认为，送礼越贵越好，其实并非如此，礼太重有时反而会被拒绝。相反，有的礼物尽管很平常，价格也不是十分昂贵，但由于送到了客户内心，对方也会依然高兴接受。这就需要对客户有一个详细的了解，包括他的家庭背景、成员、职业履历、业余爱好等，然后恰如其分地选择一份对方正需要的礼物。如案例4中的礼物，尽管是一本自己装订的画册，也同样受到了客户女儿的喜爱。

结合需求，让客户觉得有用，是送礼的第一原则。因此，送礼，一定要淡化礼物的价格，突出其需求性，可让客户体会到你的认真、耐心和对自己的重视。

给客户送礼，目的是为了维护、联络感情，方便沟通，但一定不能表现得太急功近利，让对方觉得你目的性太强。送礼既然是一门艺术，自有其约定俗成的规矩，送给谁、送什么、怎么送等都有奥妙，绝不能滥送，否则就会事与愿违，甚至招惹一身麻烦。

6.6 保持微笑，用你的笑容感染客户

微笑是世界上最美的语言，笑，具有传染性。所以，笑脸会引来对方的微笑与愉快心情，笑容越纯真、美丽，对方就越愉快。微笑是每个销售人员的必修课，不懂得利用微笑是一种浪费，然而，在销售队伍中，很多销售人员不会微笑，不懂微笑，或者错误地微笑，致使自己失去了客户。

2008年奥运会前夕，北京奥组委搜集了2008张笑脸，制作成一幅长30余米、高6米的巨型"笑脸墙"，竖立在朝阳公园南门主草坪上。墙上有儿童天真的笑、有家庭和谐的笑、有情侣们深爱的笑，有年轻人快乐的笑，有老年人幸福的笑，有工人温暖的笑，有成功人士开心的笑。这吸引了大量游客，他们带着家人和朋友一起来现场，在笑脸墙前合影留念。

事情虽然已经过去十多年了，但一张张笑脸却深深印在了人们心中。

这就是微笑的重要性，但是，销售人员是否真正意识到了微笑的作用呢？细细分析一下，为什么一张张普通的笑脸会给人如此深刻的印象，就是因为笑带给每个人的感觉是愉悦的、恬静的，给人们的心理暗示是积极的、美好的。这正好迎合了人们追求快乐，向往自然之美的心理。

大多数人都知道，陌生人见面相互微笑是出于礼节，却很少有人知道这还是一种心理需求。面对客户要笑脸相迎，也是这个道理，笑一定会比哭丧着脸更容易引起对方的共鸣。日本"推销之神"原一平，助他走上成功之路的正是独具特色的"微笑"。据说，他曾总结出了38种"笑"的方式。

如果销售人员想在客户面前做一些现场的展示时，很多销售人员都会这样告诉自己：千万不能出错。为此，在出门前，总是会再三检查。然而，百密总有一疏，有很多事情也是无法控制的，就算是最顶尖的销售人员也不例外。在现场展示中可能会出各种意外：当正在施加拉力以证明产品所使用的材料具有高强度的时候，却没想到突然就噼里啪啦一声，产品爆裂断掉了；当正要打开一瓶葡萄酒，结果就在100多人面前，喷出的葡萄酒洒满了上半身。有时候，智慧而机警的笑声可以从容解围，不信的话，先看看下面的一个小故事。

有一次，杰西正向一群运输业者展示一种高质量的机油，一切都很顺利，观众也都很专心。杰西拿着两支装有不同质量机油的试管，每一支试管都用橡胶垫封住了开口。当他要把试管倒立过来比较机油滑落的速度时，没想到两支试管的橡胶垫却都脱落。一时间，机油洒满讲台，杰西的全身上下也有机油，而他手中高高举着两支空空的试管。

结果杰西看着他们，他们也看着杰西。杰西看到角落处有位观众的嘴角突然抽动了一下，接着杰西自己开始大笑出来，全屋子的观众也跟着大笑。他们的笑声实在太吵，害得会议中心的值班经理以为发生了什么意外，迅速跑来，从门缝中查看究竟是怎么回事。

当时，如果杰西用很严肃的态度来处理，就会变成一场非常失败的展示。在出现这么大纰漏的情况下，杰西还能大笑出来，显示出他的豁达、开朗，因此，观众也不觉得尴尬。

有时候，如果销售人员遇到很糟糕的情况或意外时，大笑一番往往是替销售人员解围的好方法。观众一定知道这是意外，而且，他们也可以借此机会知道，这个销售人员是不是一个碰到突发情况便手足无措的人。真正打动人心的笑在销售过程中是极有作用的，我们可以称它为"帮助成交的笑"。这里也有个很好的故事：

一个来自中东产油国的客户，想买一批货船运输石油。他走到一只大船前，轻描淡写地对一位销售人员说："我要买价值5000万美元的船。"

这是任何人都求之不得的事情，但这位销售人员不解地看了他一眼，脸上没有微笑，也没有说话，似乎在说："这个人在说疯话，不要来浪费我的时间"。

客户看着销售人员冷冰冰的脸，转身走开了，他来到另一家船厂，再次说："我要买价值5000万美元的船。"

这次他得到了销售人员布斯的热诚接待。尤其是布斯的微笑，就像太阳一样灿烂，令他有种宾至如归的感觉。客户对布斯说："你已经用微笑向我销售了你自己，在这里，你是唯一让我感到我是受欢迎的人。明天我会带一张5000万美元的支票。"

这位大富翁没有食言，第二天便带来了支票，一笔巨额交易就达成了。

布斯就是这样用微笑先把自己销售出去，后来又销售了其他的产品。布斯在将产品销售出去之前，已经先将世界上最伟大的产品——微笑销售出去了。

事实上，达成交易远不是一个微笑那么简单，但微笑可使整个过程变得简单。这充分说明一个非常重要的问题：一个不会微笑的销售人员，就一定会拱手将客户推走。在特定的时间与场合，一个微笑可以制造奇迹，当一个销售人员真正学会微笑的时候就向成功迈进了一大步。

笑容，是传达爱意给对方的捷径，要想做一个高情商销售人员，必须先学会销售自己，必须练就一两招过人之处。如果一个销售人员毫无特点，他必定无法打动和吸引消费者。销售人员不必追求面面俱到，也不必因为自己外貌缺陷而自卑，关键是找出自己认为最有希望的"突破口"，淋漓尽致地表现个性的魅力。

微笑，可以轻易地拆除人与人之间的壁垒，使人们敞开心扉；微笑是建立信赖的第一步，它会成为心灵之友；笑容可以赶走悲伤、不安，也能打破僵局；笑容可以消除自卑感，弥补自身条件的不足；笑容可以增加健康，增进活力。销售人员只有先懂得微笑的重要性，才会在销售工作中微笑面对客户。

6.7　衣服如脸面，穿什么、怎么穿很重要

在人际交往中，给人最直接、视觉感受最强烈的便是一个人的穿着。你穿什么、怎么穿一下子就映入了对方的眼帘，"着装"的确是一个不容忽视的细节。在特定环境中，通过着装的颜色、款式、风格等等，对方就可以很快地对你有一个大致的了解。

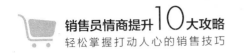

人的着装与内心有着非常紧密的关系，有人把服饰比作人的无声语言，时刻诉说着的内心。一个人的着装不仅仅可以衬托他的容貌、气质，更能反映出他的内心，每个人的穿衣打扮都是内心活动轨迹的反映，这种现象在心理学上叫做"自我延长"。

也就是说，当外在穿着与内在的学识、气质形成强烈的反差时，人们往往更容易被外在所"迷惑"，当然也没有更多的兴趣对你进行了解。正如美国最优秀的销售大师法兰克·贝格曾说，"外表的魅力可以让你处处受欢迎，给人留下不修边幅的第一印象时就失去了主动。"显然，一个毫无着装观念的人是不合格的。

高情商销售人员十分注意着装的细节，会结合职业选择一套得体的服饰，争取给第一次见面的客户留下良好印象。那么如何来体现这点呢？我们接下来详细分析一下。

（1）男士

男士的外套以西服为主，在颜色上主要有黑、灰、深蓝，几乎没有太大的选择余地。如果感觉略显单调，则可以在款式上、配饰上多花点心思。

1）款式。

西装的具体款式是按照件数来划分的，根据此标准可分为单件与套装。

单件西装与裤子往往不配套，依照惯例，仅适用于非正式场合。在正式的商务交往中销售人员必须穿西装套装。

套装又可分为两件套与三件套。两件套包括一衣和一裤，三件套则包括一衣、一裤和一件背心。三件套西装比起两件套西装更加正规一些，按照传统礼仪，最正宗、最经典的商务套装应该是三件套西装。所以，销售人员在参与高层次的商务活动时，以穿三件套的西装套装为好。

另外，西服的扣子非常有讲究，有单排扣和双排扣之分，扣子的数目不同，所呈现的风格也不同。

单排扣的西装，最常见的有一粒扣、两粒扣、三粒扣三种。一粒扣和三粒扣西装上衣穿起来比较时髦，而两粒扣西装上衣则显得更为正统一些。

双排扣的西装，最常见的有两粒扣、四粒扣、六粒扣。两粒扣、六粒扣两种款式属于流行的款式，而四粒扣的则明显具有传统风格。

2）面料。

西装的面料有很多种，鉴于其往往在商务活动中充当正装或礼服之用，故此，其面料应力求高档。一般情况下毛料因具有清、薄、软、挺的特点，是西装的首选，比如，纯毛、纯羊绒，以及含毛比例高的毛涤混纺皆可。

羊毛面料厚实、保暖性能较好，以冬季为主；如果在夏季，则可以考虑聚酯纤维、人造丝这样的化纤混纺面料。

3）搭配。

在颜色的搭配上需要考虑到衬衫、领带，三者要一致，如表6-3所列。

表6-3　服装与衬衫、领带的配色原则

黑色西装	配白色或浅蓝色衬衫，系砖红色、绿色或蓝色调领带
灰色系西装	配白色或浅蓝色衬衫，系蓝色、深玫瑰色、褐色、橙黄色调领带
深色系西装	配白色或银灰色衬衫，系银灰色、灰黄色领带
白色系西装	配颜色互补的衬衫，红黑色、砖红色或黄褐色调领带

值得注意的是，衬衫一定要用单色，领带可选单色也可选带有条纹、斜条纹、圆点、方格等不同图案。

（2）女士

女士的职业装一般为套裙，也可分为两件套和三件套之分，以其严整的形式、多变却不杂乱的颜色、新颖却不怪异的款式，成为职业女性最规范的工作装。裙式服装是最能体现女性的魅力的，能充分显示女性美感与飘逸的风采。与男士一样，作为职业销售人员，风格上要大方、简洁、纯净、素雅为主。

1）款式。

一般来讲，套裙的上装以西服式样居多，短可至腰际，长可至臀部以下，领口呈圆形或V字形。套装的整体变化不大，但也可在上衣的袋盖、衣领、袖口、衣襟、衣摆、下装的开衩、收边等细致之处略微不同。常见的女士西服款式及特点如表6-4所列。

表6-4　常见的女士西服款式及特点

"H"型	上衣较为宽松，裙子为筒式。给人以直上直下，浑然一体之感
"X"型	上衣多为紧身式，裙子则大都是喇叭式，轮廓清晰而生动，可明显突出腰部的纤细
"A"型	上衣为紧身式，裙子则为宽松式。着重体现着装者上半身的身材优势，遮掩其下半身的身材劣势
"Y"型	上衣为松身式，裙子多为紧身式，并且以筒式为主。上松下紧，意在遮掩着装者上半身的短处，同时表现出下半身的长处

2）面料。

棉织品最为理想，买亚麻制品时，要选择混有人造纤维，如聚酯纤维、人造丝或丙烯酸系纤维的，否则，衣服很容易出褶子。对丝绸制品也要谨慎，它们会起褶，而且显得太考究。

3）颜色。

最佳颜色是黑色、藏青色、灰褐色、灰色和暗红色。

4）图案。

不能过于花哨，可以是简单大方的方格或条纹。

（3）鞋

在销售行业，有一种说法，"永远不要相信穿着脏皮鞋和破皮鞋的人"。这虽然是一句谚语，但充分说明了皮鞋在推销过程中的作用。成功是从"脚"下开始的，销售人员必须注意自己的鞋子。在拜访客户时候，一定要选择皮鞋，而且要时刻保持干净、锃亮，如果出现破损要及时换掉。

（4）袜子

袜子是个不可忽视的细节，这个小小的细节是很多销售人员不注意的。在选择的时候，千万不要选择与服装颜色差别过大的袜子，比如，黑西服搭配白袜子这是最忌讳的。

6.8 握手，绝对不能忽视的小细节

握手，是销售中必不可少的礼节之一，谈判、签合同、产品发布会、出席各种商务活动，都免不了与客户握手。可以说，握手已经不仅是一种礼仪，更多的是一种社交技巧。在与客户交谈的过程中，恰当的握手可以传递给对方一种信任，促成成交，不握手或者方式不恰当，则可能会破坏这场商业谈判。

与客户握手看似是一个漫不经心的动作，其实并不是那么简单，其中隐藏着很多不容易发现的潜规则。不遵守这些规则，就很有可能被对方认为是冒失、不懂礼貌，甚至直接导致生意的失败。

那么，如何正确的握手呢？最常规、使用最普遍的握手方式是：伸出右手，四指并拢，拇指张开，上半身稍向前倾。握手时不可用力过大，也不宜软弱无力。同时双方相握时，要注视对方，微笑致意。热切的目光、真诚的微笑都可以

为握手加分，使对方最大限度地体会到你的诚意。

在一般的交际应酬中，握手仅仅是一种礼节，但是在正式商业的谈判中往往具有更深层的含义，隐含着心理上的较量。如果你是个细心的人，就会发现有一些变形的握手方式，比如，姿势手心向上、手尖朝下等等，这些都有特殊的寓意。因此，做一名高情商销售人员，掌握必要的握手语言是必要的，常见的握手形式如表6-5所列。

表6-5　常见的4种握手形式

手心向上	手尖向下
手掌翻转过来，手心向上，意味着坦然、坦诚，愿意让对方知道自己的一切。 这种是最非正式商务场合的一种握手方式，比如在舞会、音乐会上，以表示自己的坦然和坦诚，同时也向对方表明自己宁愿做出让步以求合作	手尖朝下，垂直于地面，就像两堵墙紧紧地握在一起。 两个强势的人相遇通常采用这种握手方式。意味着双方都不肯做出妥协，在接下来的谈话中都会使尽浑身解数来压制住对方，占据主动权
四指紧握	**双手紧握**
双方的手握在一起，除拇指之外的四指相扣。这是不受欢迎的一种方式，又称为"老虎钳式的握手"，体现在一方强势，一方弱势的局势中	两手相握，五指不规则地交错在一起。这是热情、友好的象征，在西方被认为是"政治家的握手"，只能用在特定的场合或者特定的人身上，在一般性的商务活动中不宜使用

除此之外，握手时还有很多注意事项，具体包括以下3个方面。

（1）讲究顺序

握手是一种规范性非常强的商务礼仪，有先后顺序之别。一般来讲：当你主动拜访客户时应等主人先伸手，离别前自己则应先伸手；当客户来访时要主动向其伸手，以表示欢迎；当客户离开时要等对方主动伸手；如果对方的职位明显高于自己，要等对方先伸出手，若他（她）没有这样做，自己就应先伸手。

男女握手，男士一定要等女士伸出手后，方可伸手握之；当女士无意与你相握时，以微微欠身问好，或用点头、说客气话等代替。

面见多位客户时，要按从近到远的顺序与每位客户一一握手，切忌交叉握手，即左手右手同时与两个人相握。

（2）握手时间不宜过久

握手时间不宜过长，在正式的商务活动中最好控制在5～10秒之内，如果与

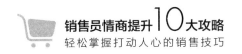
异性相握，需要更短些，三四秒钟即可。在握手期间避免谈论太多，只要简短的问候即可，否则必然会造成不必要的失礼之处。

（3）掌握好握手的力度

与人握手时力度的把握要适当，对此很多人容易走两个极端，一是软弱无力，犹如一条死鱼，当客户握住死鱼一样的手时会觉得你性情软弱。二是用力过大，握手时用拇指和食指像老虎钳一样紧紧握住对方的手指关节处，这种粗鲁的方式会使对方很不喜欢。因此，握手时力度的把握也很重要，有些女性，为了显示自己的清高，只伸出指尖与对方轻轻一碰，这种做法会让人觉得你做作、敷衍。正确的握手是用手掌和手指不轻不重地握住对方的手，再稍稍上下晃一下。

握手前应对手进行必要的清洁处理。与客户握手时，不要一边与客户握手，一边点头哈腰，显得过分客套了。一名优秀的销售人员应该平等地与客户洽谈，要做到不卑不亢，首先就要从握手开始。

6.9 永远记住客户的名字

如果一个阔别已久的老朋友，刚见面就喊出你的名字，你肯定会欣喜万分；如果对方想了半天才勉强记起，或者干脆记不起来，你肯定又是另一番心情。事实上，我们每个人都有这样的体验，当别人记不起自己的名字时总会感到不愉快。你希望别人记住自己的名字，同样的道理，别人也希望你能记住他的名字，在与客户接触时尽量第一次就记住对方的名字，这会令你的推销收到意想不到的效果。

案例
8

　　一家美容店明文规定："凡是第二次上门的客户，所有的服务人员不能简单地说'请进'，而要说：'请进XX小姐（太太）'"。在这样的规定下，只要来过店内一次的客户，相关人员就存入档案，并要求全店人员必须记住客户的尊姓大名。

　　这家店如此重视客户的姓名，使走进店内的每位客户都备受尊重，颇有宾至如归之感。从此老主顾越来越多，生意越来越兴隆了。

对销售人员来说，如果记不住客户的名字，是一种很失礼的行为，还可能由此带来相当大的损失。所以，记住客户的名字非常重要。然而，一个销售人员每天要接触大量客户，记住每个客户的名字显然并非易事，如果对方在你心中没有一个特别深的印象，是很难记住的。

那么，如何来记住客户的名字呢？我曾听过一位记忆专家讲的课程，获益匪浅。他提到，"记忆力问题其实就是注意力问题，只要你有心去做，90%的事都容易记住。"最后，那位专家总结道，记住别人的名字有6种方法，具体如图6-4所示。

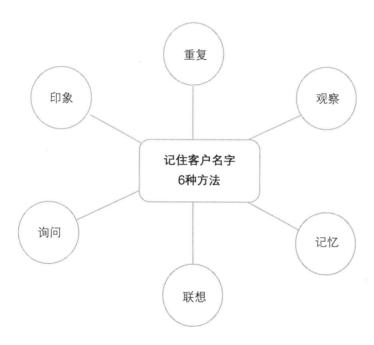

图6-4 高情商销售人员记忆客户名字的方法

（1）印象

心理学研究表明，记忆力问题其实就是注意力问题，只有先放进眼里才能记在心里。因此要想记住别人的名字，首先要集中注意力，这也有助于克服你与陌生人见面时的拘束感。

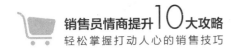

（2）重复

也许你有过这样的情况，刚刚认识一个人不到10分钟就忘了名字。这里有一个小妙招，即多重复几遍，尤其是在与对方谈话时反复使用。

（3）观察

单纯地记某个人的名字会有所困难，但结合对方特征，尽量找出特殊之处有助于记忆。比如对方"浓眉大眼""塌鼻子""焦红的头发"或者有伤痕。把这些特征联系起来，记住名字就没有那么难了。

（4）记忆

面对多个陌生客户时，大都总是匆匆忙忙地介绍，你还没一一记住介绍就已经完了。这时你只得请介绍者介绍得慢一点，若是可行的话，不妨主动走到别人面前对他说："刚才介绍得太快了，我实在无法记住你的名字。我叫××，您呢？"一般来讲，对方肯定愿意配合你再次介绍一遍。

（5）联想

如何把需要记住的东西留在脑中呢？毫无疑问，那就是开动脑筋去联想。比如，"库尔曼"这个名字好记吗？不好记，记不住时就要善于联想，如果恰好有一家保险公司的名称与这个名字相近，两者放在一起就很容易记住了。这样，碰到对方时，只要一提那家保险公司就能想起对方的名字。

（6）询问

如果你觉得对方名字实在太难记，不妨直接问一问客户名字的来历，坐在一起讨论讨论。很多人的名字后面都有一个动人的故事，所以当你建议客户谈谈他的名字时，他们会非常愿意与你谈起，这比谈论天气有意思多了。

作为销售人员，忘记客户的名字就意味着对对方不够尊重，不够重视，因此，见面后要想办法努力记住对方名字。与此同时，我们最好先自报家门，免得对方记不起自己的名字而尴尬。我想，这样做对谁都是件好事。

第 7 章

微表情：
高情商销售人员个个火眼金睛，
明察秋毫

有声语言交流是销售人员与客户沟通的重要方式，但很多人忽略了另一种方式，即脸部表情和肢体语言。在人与人沟通的过程中，这种不可忽视的无声语言起着重要的作用。高情商销售人员善于挖掘这些无声语言蕴含的信息，以更精确、更真实地抓住客户的内心。

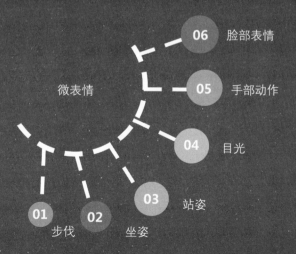

微表情

06 脸部表情

05 手部动作

04 目光

03 站姿

01 步伐

02 坐姿

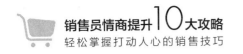
7.1 客户的脸部表情会"说话"

俗话说"看人先看脸，见脸如见心"，脸是一个人内心外在体现的"窗口"，高情商销售人员都善于从客户脸上捕捉他们内心的真实想法。在销售过程中，如果只专注于客户所说的话，而不去观察对方脸部的细微表情，那么得到的信息可能就有所偏颇。

语言会说谎，但脸部表情则不会，人的脸部可以做出复杂而又微妙的表情，且这表情暗含多种信息，可以真实、准确地反映一个人的内心变化。销售人员完全可以通过客户脸部表情来看内在反应，为推销搜集更多的信息。

某银行理财销售顾问，正在为潜在客户介绍理财产品。

"您能主动来我行了解理财产品，想必您也知道我行的实力。"客户此时轻轻点了点头，示意她继续说下去。顾问接着说："按照我行规定，需要50万元起购。"客户听后，嘴角往上斜了斜。顾问从这个表情中看出了客户对报价的反映，判断出这是一位有钱客户，所以介绍产品时也着重介绍了几个比较高端的产品。

还有一次，同样是给客户介绍购买产品的条件，但是当客户一听说需要50万元人民币才能购买时，立刻瞪大了眼睛，表情有点惊讶，但转瞬就消失了。销售顾问捕捉到了这一细节，判断对方可能资金量比较少，至少不想在理财上投入太多。于是马上转换话题说："您应该是第一次来我行吧。"

客户点点头，得到了客户的肯定答案后销售顾问又继续说："我行现正在搞一个优惠活动，对初次来开户的客户有一个7.5折的优惠。"

这个案例表明留意客户脸上细微表情的变化，可迅速判断对方的心理，从而有针对性地做出适当的回应，确保掌控双方的对话，创造更好的对话走向。

与人打交道，最需要的就是能够看透对方的内心。高情商的销售人员总是善于从脸部细节中捕捉有利于成交的信息，因为一个微小动作、小表情，已经透露了对方内心的真实想法。只要能洞察对方内心的想法，就能够赢得成功的主动权。

正所谓观人于细微，察人于无形。不过这种能力并不是天生就有的，需要经过后天的训练和经验的积累。为了更好地把握客户的脸部表情，我们将重点关注的几个部位简列一下，分别为嘴、眉、眼睛，这也是脸上比较灵活的3个部位。

7.2　客户的嘴部变化藏着小秘密

我们都知道人的眼睛是心灵的窗户，却不知道嘴部表情也可以反映一个人的内心。曾经有一位美国心理学家将眼睛和嘴部表情做过对比后发现，人们受嘴部表情的影响远胜于受眼部的影响，于是他认为"嘴部比眼部更能表现出多种情绪"。

嘴巴，位居五官之首，是表达想法、宣泄情感最直接，也是最主要的通道。人与人之间的交流离不开嘴巴，也正因为此，嘴部表情才越加丰富多样，并且能够直接体现出一个人的心理活动。

能够将客户的嘴部表情收纳眼底，并实时做出谈判对策，也是销售人员高情商的一种表现。

案例 2

　　秦丹丹，某房地产公司的业务员，有一次聊天得知，她曾遇到这样一对客户。对方准备购置一套花园洋房，但对房子的要求非常高。奔波了一周，秦丹丹才帮他们找到满意的房源，这对夫妻看了以后，无论是对建筑风格，室内结构布局，还是后花园、车库，都十分满意。

　　看房那天，这对夫妇难以掩饰心中的兴奋，尤其是那位女士，眉开眼笑，嘴角上扬，上唇都不由自主地提得老高："这一切都太完美了，我真想立刻就拥有它。"看到对方这种表情，秦丹丹终于松了口气，知道事情已经基本成功了。

　　秦丹丹对女士说："如果您满意，我们就可以办相关手续了，在与您签单之前，我必须告诉您一件事情，这栋房子价格比您预期的要高些。"

　　一听这话，女士脸上的笑容立刻消失了，上扬的嘴角开始慢慢下

垂，站在旁边的男士则嘴角一撇，半微笑地看着女士。秦丹丹敏锐地感觉到，男士的笑明显是"强装"出来的，应该是对价格不太满意。

秦丹丹觉察到客户的这一心理变化后，便机灵地转移了话题："我想你们肯定是经过慎重考虑才选择来这里的吧？"

"是啊。"女士说。

"要不说，您的眼光好呢，这里的基础设施完善，环境又非常好，交通也十分便利，周围的房子我想您也一定都了解了，价格肯定都比这套房子贵，这套房子的性价比是最高的。其实，只要您看中了，住着肯定舒心，即使比预期贵点也值得……"经过秦丹丹一番解说，夫妇两人也不在价格上过多地计较了，最后终于成交。

秦丹丹之所以能够不失时机地把握住机会，就是因为他通过客户的嘴部变化，窥探出其心理变化。女客户前后两次截然不同的态度完全表现在了嘴角上，嘴角由上翘转而下垂，就是其心理起落的过程。同时，那位男客户听到房价高之后，也表露出自己的态度："嘴角一扬，似笑非笑"，这明显是在拒绝。

男士只是不便直说，但内敛的嘴角，僵硬的笑容中已经表露无遗。显然，这对夫妇对"房价"都有意见。秦丹丹意识到这点，便巧妙地避开了房子的价格，而是谈起了与房子相关的价值，从心理上给客户一个缓冲，让他们感觉到多付几万元也物超所值。

大家都知道的是，嘴可以传递信息，不知道的是嘴的姿态还可能泄露以下几类心理秘密：

（1）嘴角往上才是真笑

真笑时，嘴角会不自觉地上扬、眼睛微眯；而假笑或"礼貌的笑"时，嘴角会平拉向耳朵的方向，眼中没有任何感情。

谈话时，如果看到对方是真笑，那么说明对方对于你说的内容很感兴趣，而如果是假笑时，就应该停顿一下，重新组织自己的思路，或者转移话题。

（2）抿嘴唇说明压力大

在压力状态下，藏起或拉紧嘴唇是再普遍不过的反应，比如当客户的企业经济效益不是很好的时候，在接受你的推销时就会有这种表情，因为他既想要你的产品，可是又迫于经济的压力，所以会表现出很纠结的状态。此时，销售人员需要做的是打消客户的忧虑，比如给出一些优惠、折扣什么的。

（3）嘟嘴唇表示不赞同

嘴唇缩拢是防止自己说什么不好的东西出来，而同时嘟出来的嘴唇则仿佛是要拒绝什么。当看到这种表情时，说明他对你讲的内容可能持否定态度，此时，你不妨主动征询一下对方的意见，看看他有什么好的提议。

其实嘴部的表情主要是体现在口形变化上。例如伤心时嘴角容易下撇，欢快时嘴角会提升，委屈时会撅起嘴巴，惊讶时会张口结舌，忍耐痛苦时常常是紧咬下唇。所以，嘴唇的曲线能敏感而自然地暴露内心活动，销售人员要想掌握这些，务必要多细心观察。

嘴部作为与客户交流、谈判的重要工具，要充分利用起来，不要只在意对方说话时的状态，即便在不说话时也仍可以传达出内心的小秘密。在营销中，如果能善于利用好"嘴"，你的推销工作将会更加顺利。

7.3 眉毛是最可靠的"情报员"

大量事例证明，多数销售人员推销的失败与自己不善于观察，忽略细节有关。这里就为大家提供一个能够有效控制客户心理的方法——观察客户眉毛的变化。

有时候，语言不一定能真实地表达一个人的心声，因为谁都可能口是心非。但表情是不会的，因为它能反映出大脑真实的思维活动。而眉毛是人脸部非常重要的组成部分，也能够传达出对方当时的心情变化。有心理学家研究发现，眉毛有20多种动态，分别表示不同的感情。最直观的如："柳眉倒竖"是生气、发怒的意思；"横眉冷对"是轻蔑、敌意的意思；"挤眉弄眼"是戏谑、调侃的意思；"低眉顺眼"是恭敬、顺从的意思；"眉头紧锁"是焦虑、烦躁的意思；"舒展眉头"则是心情变得轻松明朗的标志。可见，中国自古就有观眉知其心意的说法。

所以，在人际关系中，当你看到对方眉毛表情过于丰富时就要引起注意了，要认真揣摩一下对方心理，思考一下对方想要表达的意思。值得注意的是，眉毛的位置不够显眼，其动作大都非常微妙，所以销售人员千万不要忽略掉，尤其是隐含的信息不可忽视。

案例 3

赵小林是刚入职没多久的股票软件销售人员，一次，公司派他去见一位客户。他刚进入客户的办公室后，就迫不及待地想向客户推销产品。

"李总您好，我是A金融公司的职业顾问赵小林"。

"你好。"

简单的寒暄之后，小赵就直接介绍产品："您最近关注股市行情了吗？"

"没怎么关注。"对方显然是在应付他。

"那您的股票收益呢？"

"一般般。"

"我们公司有一款产品可以让您足不出户，就能对行情了如指掌，还能及时准确地指导您交易，希望您看看。"赵小玉林地对客户说。

"哦，那怎么卖？"

"5000元一套，我先给您详细介绍一下吧。"

……

接下来，他将软件从头到尾说了一遍，可是客户看起来却并不感兴趣，而且全程都是眉头紧锁。这说明客户已经开始对小赵连珠炮似的介绍不耐烦了，但是小赵并没有看出来，还以为客户在思考，于是更加起劲的介绍，直到客户抬手打断了他。

"小赵啊，你先回去吧，我考虑考虑，有需要会再联系你。"客户用了一个最普通的借口打发了他。

回到公司后，小赵仍迷惑不解，为什么客户看起来很认真地在听他介绍，可结果还是不买呢？于是他将疑惑跟领导反映，领导让他把当时的情景复述一遍。待他说完之后，领导说："难道你在介绍的过程中，就没有停下来问问客户有什么不清楚的吗？"小赵说："没有啊，我看他一直紧皱眉头，深思熟虑的状态，就没有打扰他，而是想多向他介绍一下产品。"领导摇摇头："客户皱着眉头，根本不是深思熟虑，而是明显表示出不想再听你说下去了。"小赵此时才恍然大悟。

在介绍产品的过程中，一定要注意客户的眉眼。如果客户的眼神和眉毛表示出"他不愿意再继续话题"，此时就应该停顿一下，问问客户有什么疑问，然后再根据客户的想法介绍产品，若你仍不顾客户的感受，还在口沫横飞地介绍，结果自然是会被客户拒绝。

因此，在与客户进行交谈时，一定要善于观察客户眉毛的变化。因为眉毛是最能表露一个人心理的地方，是最可靠的"心情报告员"。一般来讲，眉毛以及与眉毛有关的动作蕴含的信息如表7-1所列。

表7-1　眉毛变化蕴含的信息

眉毛变化	蕴含的信息
眉毛抬高	表示吃惊、惊奇或难以置信
眉毛半放低	表示疑惑不解
眉毛全部降下	表示生气愤怒
眉头紧锁	表示内心忧虑、犹豫不决
眉梢上扬	表示高兴、心情好
眉心舒展	表明其人心情坦然、愉快
双眉上扬	表示非常欣赏或极度惊讶
单眉上扬	表示不理解、有疑问
皱起眉头	要么是对方陷入困境，要么是拒绝、不赞成
眉毛迅速上下活动	说明心情愉快，内心赞同或对你表示亲切
眉毛倒竖、眉角下拉	说明对方极端愤怒或异常气恼

眉毛变化多端，不同的变化隐藏着不同的内心状态。正如克拉森所说："面部的一些细微动作和表情，能够很好地显示出对方的所思所想，所以与人打交道时，别忘了注意他的眉毛和眼睛"。

7.4　客户目光是兴趣的风向标

在人的身体中，眼睛是最富于表现力的一个部位，而目光又是眼睛最直接的反应。透过眼睛能看到对方的心灵，悟出对方的心思。在面对面的交流中，相互对视的时间要超过60%。美国著名销售顾问杰哈德·葛史汪德纳曾说："在一个长达30分钟的业务交流中，双方大约会交换800种非言语讯息。目光交流是判断

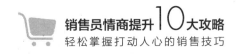

客户内心的一个非常主要的线索。"

根据"目光"所到之处可以判断客户的心理状态。据此，也就不难理解，为什么客户在购买之前会上下左右不断查看。看似漫不经心，实际上是在判断最适合自己的东西，目光锁定了什么，即是对什么感兴趣。作为销售人员千万别忽视这点，在与客户交谈时一定要留心对方的目光。

做房地产业务的钟达，在这方面有很多经验，一次他带着约好的客户看房子，客户看完后说："这个房子缺点很多，比如……"一下罗列了好几条。但钟达判断这不是客户的真实想法，因为当他在嫌这嫌那的时候，目光一直像雷达一样搜索着。先是在屋内环视一圈，后又转移到窗外，这明显是感兴趣的先兆，起码是在试图深入了解。

可对方为什么故意摆出不感兴趣的态度呢？这就是一种心理策略，是为了取得更多谈判筹码。想到这里钟达更加有信心，他顺着客户的思路，把谈话焦点转移到屋内格局、周围环境上来，以此来强化客户对房子美好一面的好感，最后达成了交易。

目光是最好的交流方式，高情商销售人员善于通过观察客户"目光"，探知到对方内心最深处的想法。要做到这点最关键的是，明确不同目光表示的意义，具体可从以下两个层面去判断：

（1）根据目光的方向判断

1）目光方向变化及蕴含的信息。

按照生理结构来讲，目光是向四周扩散的，很少会单纯地固定在某一个方向。为了便于理解，我把目光的方向硬性地分为，上、下、左、右，环视这五种，具体如表7-2所列。

表7-2　目光方向的变化及蕴含的信息

目光变化	蕴含的信息
目光向上	表示心存不满
目光向下	表明对方正在思考
目光向左	表明赞许，认同
目光向右	表明对方有拒绝之意
目光环视	时刻准备撤离的征兆

2）应对措施。

①目光向上　这类客户可能会因为某个小问题与你争执不休，可能会一气之下拒绝你，但他们的拒绝并不是本意，而是希望表达内心的不满。面对这类客户，千万不要被对方表象所迷惑，而是要积极打圆场，争取改变对方固有的想法。

②目光向下　这类客户心思缜密，做事谨慎，但略显优柔寡断。对这类客户最好能给他充足的思考时间，必要时要引导他们深入思考，先听取他们的意见，然后再提出自己的看法。

③目光向左　客户有这种表情时，完全可以放轻松一点，与对方聊聊产品的使用说明、方法等，以巩固产品在他们心中的良好形象。

④目光向右　表明客户拒绝之意，而且对不喜欢的产品绝不会动心。如果你强行推销，反而会对你产生更坏的印象。

⑤目光环视　即上下左右四处观看，目不定睛，这是想摆脱你，时刻准备撤离的征兆。在这种情况下，你基本可以判定对方没有任何购买意向。

（2）根据目光的状态判断

1）目光状态及蕴含的信息。

目光的状态是指，一个人在观察事物时所表现出来的眼神，比如，清澈与浑浊，柔和与凶狠，呆滞与炽热等。这些特征正是一个人内心的最直接表露。具体如表7-3所列。

表7-3 目光状态的变化及蕴含的信息

目光变化	蕴含的信息
眼神炽热	表示客户正在用心倾听，非常重视你讲的话，也对你的话感兴趣
眼神呆滞	这种目光常常配合头部动作，比如下垂、摇摆等等，表明对方心不在焉，有心事
眼神平静	发出这种目光时，常常面有笑意，这表明对你很满意
眼神阴沉	这是凶狠的信号，表明对方正怀有诡计，这时与对方交涉的时候要小心一点
眼神迷离	表示对方正处于迷茫、犹豫的状态，自己也无法拿定主意
眼神镇定	这种目光包括两层含义，一是正在紧张地思考，二是不屑于听你的话

2）应对措施。

① 眼神炽热　这时应该按照计划婉转陈述，只要你的述说有理，提出的建议可行，对方必然会乐于接受。

② 眼神呆滞　这时不要在他面前炫耀，不要向他说得意事，更不要说丧气话，只需说关心的话。

③ 眼神平静　应多说几句恭维的话，对方内心就会乐开花。只要动之以情晓之以理，相信对方比任何时候更容易得到满足。

④ 眼神阴沉　这时应步步为营，不要轻易亲近，如果准备不够充分那么最好"鸣金收兵"，以图来日。

⑤ 眼神迷离　当客户迷茫，拿不定主意时，这个时候就需要你更坚定一些，帮助对方做决定。

⑥ 眼神镇定　此时不必多问什么，应该留出一点时间，让他冷静思考后给予答复，这样合作才会愉快。

目光交流，是人与人非语言交流中非常重要的一种方式，根据目光特征可以判断对方的心理状态。但掌握"目光"透露出的信息也会有"错"的时候，需要根据当时的实际情况来做综合判断，否则，就会出现失误，反而彻底失去客户。

不过，需要注意的是，目光是个很恍惚的东西，不能一概而论，对于其中所隐含的信息千万不可生搬硬套，认为只要有以上特征的人都会做出同样的反应。相反，有的人说话时"眼睛大睁"，这似乎是惊讶、好奇之意，其实是一种"不情愿透露内心真实想法"的心态。再比如"眼睛不停地眨动"，大多数人认为这是一种可爱，但有的人却是为了不让别人看透自己的心思，尽力去掩饰。

对于类似可能有歧义的"目光"，销售人员要综合判断，否则就会适得其反，将客户的"购买"信号当作"拒绝"之意。

7.5　客户手部动作隐含大秘密

身体部位中除了脸部之外，最灵活的就是手。手可以轻松做出很多动作，它是一个人内心最好的表达方式之一。

很多人在说话时，手上都会做点小动作，而这些小动作也能泄露一个人的内心想法。大脑皮层除了控制脸部动作之外，还有很大一部分用来控制手部动作。比如，当我们说"捏一把汗"时，紧张的情绪不仅表现在脸上，还会在手中显现出来。

现代科学研究证明，手是人体中触觉最为敏感、肢体动作最多的地方。因此，销售人员在与客户交流时，如果能够仔细观察对方说话时的手部姿势，往往可以及时捕捉到他发出的各种信息，这是一种解读客户心理的重要方式。

有一次我与客户进行谈判，刚开始我们还谈得比较开心，可是在即将结束时双方却在折扣问题上互不相让，僵持不下。

我希望对方能再降低2个百分点，但对方说什么也不同意："江先生，我们给你的折扣已经很低了，而且运输费用也由我们承担，再让真的就没利润了。"

其实，我已经达到了自己的预期目的，只是希望能尽量再压低一些价格。因此建议暂时休会，希望以此给对方施加点压力。

过了一小时后，双方再次来到谈判桌上，对方首先开口说："江先生，我还是先前的意思，在价格上不能让步。"说完一脸凝重，正襟危坐，并且双手摆出了一个"尖塔"型的姿势。这样的手势是坚决拒绝的意思，意味着对方不会做出任何让步了。

我也从这一手势中看出了对方的言外之意："情况就是这样了，不同意就拉倒。"于是沉静片刻后，我重重地拍在桌子上："考虑到长期合作，我做出让步，不过我也提一个小小的建议，首付款减少一点。"

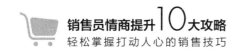

手部动作是一个人非意识控制的行为，是在某个情境和情绪刺激下做出的潜意识行为。这种行为就像睡姿一样具有很大的习惯性和随意性，所以，通过手部动作就可以去了解一个人的内心。

（1）手部动作及蕴含的信息

对于销售人员来讲，仔细观察客户的手上动作，极有可能成为打开客户心扉，解读客户心理的"窗口"。通过手势来判断对方的真实意图，可以及时调整自己的计划，做出相应的对策。这也是作为一名高情商销售人员不可或缺的技能，下面就列举几个常见的手势，如表7-4所列。

表7-4　手部变化及蕴含的信息

手部变化	蕴含的信息
摸鼻子	对方在说谎，或者是有所保留
摸眼睛	包含两种意思，一种是感到疲乏；第二种是表示不同意
抓头挠耳	心不在焉，或焦虑
两手交叉，双肘支于桌上	抗拒，不接受，不赞同
一手握拳，另一手手掌拍之	正在找理由拒绝或反驳
手不停摆弄东西	不够专心，根本没有仔细听
双手平放在桌面上	多出现在谈话的结尾，表明客户已接受了所有条件
搓手	表示期待、焦急之情，或正在思考

（2）应对措施

①摸鼻子　看到这种动作，不妨采取以退为进的攻势，强迫对方做出决定。

②摸眼睛　看到这种动作，不妨先停止解说，甚至要创造条件，给对方充分表达的机会。

③抓头挠耳　这种人的特点就是注意力不够集中，与这样的客户交流要注意效率，不要过于啰唆，尽可能地说重要的话。

④双肘支在桌子上，两手交叉　这种动作比较容易出现，如果客户不接受你的产品或者不赞同你时，一般会做出这种动作，因为它表示的是"拒绝"，将手支起来，是在搭建一种屏障，阻挡对方。

⑤一手握拳，另一只手的手掌拍击拳头　客户有这样的举动，说明对方有话要说，且大多是准备反驳的话，这时销售人员一定要在他找到理由之前击破他的心理防线。

⑥ 手不停摆弄东西　说明客户不够专心，此时销售人员一定要改变说话方式，转变话题，重新寻找客户的兴趣点。

⑦ 双手平放在桌面上　当看到客户这种动作后大可将心情放松，不妨说几句轻松的话，使双方的合作更加愉快。

⑧ 搓手　搓手，通常表示内心的一种期待情绪。搓手，会带动人的思维快速做出反应，这种情况下，反而有利于销售，只要能够打破客户的顾虑，对方会很快做出决定。

如果是慢慢地搓手，也说明对方正在考虑、犹豫，而且时间会很长，也许当时无法立即做决定，如果是这种情况，就需要销售人员多次与客户沟通，方可成功。

双手的动作体现了人当时的心理状态，高情商销售人员在与客户交流、交往时，都会善于观察对方手上的每个细节，以更好地察知对方的想法。

7.6　不要忽略客户抖动的双脚

通常情况下，我们观察一个人都会先看他的面部表情，认为只有面部表情才能够更加直观的反映出一个人的内心想法。但是美国有一位资深警探却恰恰相反，多年的审讯经验使他总是先观察嫌疑人的脚部动作，以此来判断他们的内心。因为经验丰富的犯人善于伪装自己的面部表情，但更为隐蔽的双脚透出的信息却更真实。

平时，我们会看到的很多人喜欢抖动双腿或脚尖，这是不耐烦、焦躁、想要离开的表现。在与客户交谈时，如果对方一直在抖动双脚，那你就应该想办法多给他些好处，让其感觉到与你合作的好处。如果是在谈话途中，对方突然抖动腿脚，则很有可能是已经开始对你的阐述厌烦了，此时，应该立刻停止谈话。

案例
6

　　小刘是某保险公司的一位业务员，来这家公司之前，她曾做过某品牌服装的销售经理，销售经验非常丰富，尤其是看人识人的本领，可谓是登峰造极。

有一天，大厅来了一位咨询保险业务的先生，而小刘刚好在前台值班，于是非常热情地接待了他。经过询问得知，这位先生是某公司的客户经理，想为家里老人买份人寿方面的保险。

小刘将客户带到一个会客厅，然后给他了倒杯水，便开门见山地说："先生，是这样，商业保险都有年龄限制，不知道您父母今年多大了呢？"

"来之前我已经了解过了，60岁以上的人无法买保险，我父母今年都不超过60，所以你就给我介绍一下你们人寿保险的种类，交纳多少钱，怎么理赔就行了。"客户一副不要跟我说些没用的表情。

小刘看出来这个客户是一块硬骨头，而且他本身也是做客户经理的，很善于隐藏内心的真实想法。所以要想从他脸上看出什么蛛丝马迹也不可能，只有乖乖的介绍产品，然后再见机行事。

于是，小刘就开始介绍起了这方面的知识，但就在刚介绍没多久，客户的电话响了，然后他出去接了一个电话。

客户回来后，小刘没有在其脸上发现什么异样表情，就继续开始介绍产品。过了一会，客户的一只脚开始一上一下地点击地面，虽然幅度不是很大，但仍被小刘发现了。他觉得客户此时应该是无法再专心听他介绍了，如果再继续这样说下去，反而会对这笔业务不利，于是果断停了下来，并善意的提醒客户："先生，关于产品的介绍我说的也差不多了，有什么不明白的，您可以随时问我，或者我给您拿些资料，您回去看看。"说着，就将事先准备好的资料和名片替客户装了起来。

客户接过资料非常高兴地说："好，我回去先看看，明天再来找你。"

第二天，这位客户果然来了，而且当场就买了一份保险，并主动说起昨天因为公司来了一位客户找他，所以没有时间再听小刘介绍，可又不好意思打断对方，幸好小刘主动结束话题。

例子中这位客户，本身也是一名客户经理，由于见的客户比较多，谈判经验丰富，所以非常善于伪装面部表情，隐藏内心想法。而小刘却从对方的脚部动作，观察出其内心动态：想要赶快离开，于是顺水推舟，轻松解除客户的烦恼，让自己在客户心中留下了一个好印象。如果看不出来，继续说下去，那么很可能会使对方产生厌烦情绪，对这笔业务也会产生影响。

因此，对于客户来说，腿脚频繁抖动而显示出的不耐烦在一般情况会有两种可能：

① 客户有急事需要尽快结束这次沟通，但又不好直接提出来，所以内心的想法很自然的显示在了腿脚的动作上面。

② 客户觉得和销售人员的谈话没有意义，不能够满足自己的需求，但是又不善于表达自己的想法。这类客户的性格一般较为内向，一方面他希望销售人员能够谈到自己需求的话题，另一方面又想急于结束这段谈话。

离大脑越远的部位，其对内心反映的可信度越大，脚离大脑最远，因而也被认为是最容易透露内心秘密的部位，因此，从"脚语"中窥探客户心理信息自然也就是一种不可或缺的方式了。

7.7　客户放松坐姿预示离成功更近了

"刘先生，您请坐。" "杨小姐，咱们坐下来谈吧。" "您说咱是去咖啡店坐坐呢，还是就在办公室？"以上对话在与客户的接触过程中非常常见，坐是常用的姿势，无论谈什么都必须先坐下来。

然而，就是这样一个平常得再不能平常的动作，还是被很多销售人员忽略了。坐有很多姿势，客户为什么这么坐而不那样坐，都是有原因的，更是其心理状态的直接反映。多数研究表明，一个人的坐姿能第一时间暴露自己。比如，正襟危坐、目不斜视的人，性格倾向于完美主义；坐着时敞开手脚的人，往往属于强势主义者；喜欢并排而坐的人，通常自我优越感很强。

对销售人员来说，如何从客户的坐姿中察觉到对推销有用的信息是一项必备的技能。在推销过程中，推销员就可以充分利用这些优势，细心观察客户的坐姿变化，以此来把握他们当时的情绪和心理变化。

案例 7

一次，周小芳去拜访一位有过多年会计经验的客户。

客户："你们的搜索软件还不错，可是价格有些不合理，居然要5000元！"

周小芳："张经理，我非常理解您的想法，但是，我想听听您说价钱具体是哪一方面？"

客户："就是购买你们软件的钱呀，这样要比其他软件高出很多，比如××公司的才需要3000元！"

在向这位客户推销产品的时候，这位客户认可了产品的质量和各项功能，但是仍在价格上吹毛求疵。他多次以"预算不够""太贵了""打个折再讲"为由拒绝。在此过程中，周小芳注意到一个细节，自从她进门到现在，客户一直正襟危坐。目不转睛地盯着自己。根据自己多年的推销经验，认为客户提出的价格异议并非真正的想法，而是想以此来获得心理上的满足。因为采用这种坐姿的人都是完美主义者，做事任何情都力求完美，容不得半点马虎。

通过此细节周小芳感受到，既然对方在价格上只求心安理得，不如将价格巧妙地折算为多种费用的组合，这样不但没有降低价格，反而可以满足客户的心理需求，这样客户接受起来可能比较容易。

想到这，周小芳对客户讲道："张经理，是这样的，我们这些费用不只是产品的钱，还包括送货、安装，以及售后服务费用。而且像我们这样的软件都需要安装调试费、上门保养费的，行业内安装调试费一般收费标准是300元，上门保养服务一年400元，我们电费上门服务三年，三年就可节省1200元，这些费用我们是免费的，张经理，我这样讲对吗？"

客户："可以这样讲"。

周小芳："也就是说，如果购买这套软件，您真正付出的费用是5000元减去1500元，实际就是3500元，而这样的价位购买一套带有全自动搜索软件已经是相当超值了"。

周小芳这样一算，产品的价格缩了百分之三十，客户也渐渐地放松了，笔直的腰板微微向前倾，搁在桌上的双臂也放下来，逐渐地靠近周小芳，似乎想要听得更仔细些。此时，周小芳已经意识到，客户的心理已经逐渐被瓦解。于是周小芳继续说道："所以，表面上看这套软件比其他的高差不多2000元，但这中间有一个很大的差别！"

客户点点头。

周小芳："任何产品最大的开支其实是在使用成本上，就像买车一样，买车的价钱很便宜，但是养车的费用如汽油费、过路费、维修费等就很高，所以大家都说买得起却养不起。我们这套软件价格虽然贵点，但运营成本很低。而××公司的产品，因为耗电量比较大，加上不良品率也高一些，所以每年的运转成本要接近5000元。"

周小芳通过客户的坐姿了解到客户对产品的态度，进一步确定了其身上需求：价格高也正因此，周小芳将重点放在了破解价格异上。通过对价格的层层分解，将价格缩小到每年、每月、每周、每天，甚至每小时、每分钟来计算，在心理上大大消除了客户对价格的顾虑。最终客户终于被说服，当即决定预订一套。

由此可见，在座位、坐姿的选择上可谓是大有学问。作为销售人员，要充分了解客户座位选择背后的心理，最大程度掌握客户心理，以便在与客户的交流中从容不迫、游刃有余。最常见的8种坐姿如表7-5所列。

表7-5　最常见坐姿的含义

双腿并拢，垂直于地面	这样坐姿表明此人为人诚恳，襟怀坦荡，做事有条不紊；缺点在于过于谨慎，略显死板，缺乏灵活性，缺乏开拓和冒险精神，往往只做有把握的事
找遮挡物，面对面相坐	这样的坐姿更有利于双方的交流，但以桌子为遮挡物，常常形成"进攻—防守"型的格局。因此这种坐姿的人也容易产生对抗性，给人以压迫感，使谈话充满不稳定性
坐在侧面或呈90°角	这种坐姿是最有利于沟通的一种姿势，成掎角之势，双方既可以充分观察对方，又可以避免赤裸裸的直视带来的不适性
低头哈腰身体蜷缩	这种坐姿表现为小腿缩在凳子下，双手夹与大腿中。这是不想被人过多关注的表现，这种人缺乏自信，自卑感较重，但还算谦逊谨慎
跷二郎腿	这种坐姿经常出现在位高权重的人群中，这是优越感十足的显示。与此同时，有的人还会双脚不停地抖动，这表明心情比较放松，或者脾气比较急躁
脚踝交叉双脚向前	这种姿势一半会辅以手部的动作，比如，双拳紧握，双手放在膝盖上，或双手紧抓住椅子扶手等等。这样的人有很强嫉妒心理，有很强的防御意识，比较难相处。当一个人努力控制自己紧张情绪、恐惧心理时，也常常采取这样的坐姿
不停抖动同时脚尖点地	这种坐姿的人比较自私，凡事只考虑自己，从利己角度出发，对别人很吝啬
坐姿随意夸张	这种坐姿表面上看随随便便、不拘小节的，实际上这说明此人内心正隐藏着不安，或有心事不愿意告诉别人，因此不自觉地用这个动作来掩饰自己的压抑心理

7.8　客户不断变化站姿，说明心不在焉

与坐姿一样，通过站姿也可来判断一个人的性格特征和心理状态。说到站姿，大家脑海中肯定会想起鲁迅《故乡》中杨二嫂："站立时双手叉腰，像一只细脚伶仃的圆规"，展现出一个自私狭隘、尖酸刻薄的女人形象。心理学家指出，一个人的站姿与其内心是紧密联系的，不同的站姿显示出一个人不同的性格特征和心理状态。

站姿能反映心理，也就是说，只要对一个人的站姿进行仔细观察，就能对这个人的心理有大概的认识。

在推销过程中，销售人员完全可以通过站姿进一步了解客户的心理。

案例 8

每到新人加入，老员工离去的时候就是团队业绩最困难的时候，管理跟不上，业绩上不去。为此，我规定在这段时间内，一名新人必须配一名老人（有经验的推销员）传帮带。

又一批新员工加入团队之后，主管梁天负责带小刘，这是一个伶牙俐齿的小姑娘，虽然在业务不太熟练，但与客户交流时一点也不怵，这为她增色不少。但是，遇到特殊的客户，仅仅靠能说会道就显得捉襟见肘了，还需要会察言观色。

一次，去拜访客户，对方是一位与她年龄相仿的女子，她的这种态度就把客户彻底激怒了。

原因是这样的，当时双方就产品的一点小问题产生了分歧，而且对方态度很强硬。这在小刘看来简直忍无可忍，遂发生了争执。在争执的过程中，梁天就注意到客户说话时，两手叉腰，双脚稍开，脚尖朝着门外。

见此景，他赶忙制止了小刘，当了一番和事佬，平息了对方的火气，就走出办公室。

事后，小刘还埋怨梁天为什么如此软弱。

梁天对她耐心地说："有没有察觉到对方的站姿？"

小刘红着脸想了半天，说："我真没注意。"

梁天笑着说："还是缺乏经验啊，我告诉你吧，对方原本只是很随意地站着的，这表明对方还有意与你交谈。当发生争执时，她立刻站直了身子，双手叉腰，双脚朝外站立着，这是要你马上离开的意思。此时你应该识相点，不要做无谓的争执。"

从梁天的话中，小刘意识到了之前对客户的无礼，于是点点头说："是的，确实是这样。"

站姿千姿百态，每个人都有自己习惯性的站姿，每一种站姿都反映着自己的性格与心理。销售人员在与客户打交道时一定要注意对方的站姿，有的人可能会不断变换，这时就要销售人员敏锐地抓住对方的站姿特征，随时根据站姿的变化调整自己的应对策略。

在推销工作中，销售人员需要对客户的站姿进行认真、仔细地观察，并根据当时的实际情况对其进行深入分析，找出对方内心隐藏的秘密。常见的站姿有10种，如表7-6所列。

表7-6　最常见站姿的含义

最常见站姿的含义	
双手叉腰 双脚微开	自信心、优越感的表现，常常与双手后背配合使用。这种站姿出现在有充分心理准备，或在谈话中占绝对优势时。如果双脚分开得比较大，宽于肩，还有潜在的进攻性
背部挺直 胸部前挺	这种站姿往往给人以积极、乐观、自信的印象，这类人性格比较开朗，特别注意个人形象
弯腰曲背 略显佝偻状	这种站姿与第2种姿势的意义恰恰相反，这类人属于封闭型，自我防卫意识较强，颓靡，意志比较消沉
不断 改变站姿	这类人性格急躁，暴烈，内心常处于紧张状态，善变，情绪不稳定
双脚内八字	这种站姿多见于女性，有极强的支配欲和好胜心，但又不愿意被人察觉的心态
有意地 遮住裆部	这种站姿以男士居多，此举是一种防御性动作，表明对方内心不安，焦虑
双脚并立 双手叠 放于胸前	这种站姿是拒绝的意思，经常有该站姿的人比较顽固，难以相处，不会轻易改变自己的原则。也就是说，如果对方执意坚持自己的意见，就不要企图去改变

最常见站姿的含义	
双脚并立站立时双手置于背后相握	这种站姿的人责任感强，奉公守法，尊重权威，通常给人高深莫测之感。同时也谨小慎微、追求完美，与这类人打交道，最主要就是要坚持原则，不能越界
单腿直立	这种姿势是保留态度或轻微拒绝的表现，也可能是拘束或缺乏信心。值得一提的是，这种站姿多样化，原则只要保持单腿站立就有上述意思，另一条腿或弯曲、或交叉，或斜置于一侧
其他通常辅双臂动作	一只手紧紧攥着另一只手臂，则没有这层意思，相反可能是在压抑自己的不满、愤怒等负面情绪。 站立时双臂置于臀部的人，自主心强，处事认真而不轻率，驾驭能力强，但是比较顽固、主观。 站立时将一只手插入裤袋，另一只手放在身旁的人，性格复杂多变，时而冷若冰霜，对人处处提防，时而与人推心置腹，极好相处。 站立时双手垂置于腿旁，一般比较诚实可靠，做事循规蹈矩且生性坚毅，不愿意向困难低头

7.9　客户步伐急促，说明内心焦虑不安

人走路的姿势一般是从小养成的，但这绝不仅仅是习惯问题，而是与性格有着密切的关系，古语说"以行观人"，通过观察一个人的走路姿势，可以判断他的行为。从心理学上看，人走路姿势是内心状态的集中反映，往往会泄露心理秘密。

心理学家发现，从一个人走路的姿势、行走的步态既能体现出一个人的教养、风度和身体健康状态，也能反映出一个人的性格特征和心理状态，销售人员推销时可以根据客户走姿来推断其心理状态。

小昭是一家食品公司的市场部助理，经验丰富，很多时候凭着客户的某一个细节就可以做好判断全局的形势。

一次，他受公司委派去与分销商章某谈合作的事情。小昭急匆匆地

来到客户办公室，恰巧对方不在。就在小昭焦急万分的时候忽然听到办公室外面传来了"踢踏踢踏"的脚步声，步伐显得异常缓慢，似乎双腿灌满铅块抬不起来。

小昭迅速对即将出现的这个人有了大致的勾勒：这将是一个很不好对付的人，表面上通情达理、和蔼可亲，不会在细小问题上过多纠缠，但实际上却斤斤计较，小心谨慎，该做决定时犹豫不决。

果然，后来的谈话证实了小昭的判断，对方在很多条款上提出这样或那样的问题。尤其是在交货期上，小昭作为供货方提出，这批货最早也要过半个月才能到货，否则时间根本不够。对方则希望能在十天内到货。

小昭心里很清楚，在十天内完全不可能供货，所以，没有急于向对方做任何承诺。

客户看到小昭迟迟不说话，就站起来在办公室内走来走去，急促的脚部发出"踏""踏"的声音。似乎在思考着什么，片刻后马上对小昭说："这样吧，我们在供货时间上存在较大分歧，今天再谈下去也不会有什么结果，不如明天我们再谈吧！"

小昭马上意识到如果真这样，之前一番努力都会白白浪费掉，而且像章某这类客户，处处犹豫不决，容易受到外界因素的影响，如给他过多的喘息时间将有可能就在下一秒失去。

小昭回应道："要不这样吧？我们再提前三天，在十二天内保证供货。"小昭面带微笑地说。

章某还在思考，小昭说："这是最快的了，我想任何一个供货商都不可能比这更快了。"

章某似乎很不情愿，不过最终还是答应了："好吧，就按你说的办，十二天内供货。"

最终双方签订了合同。

小昭之所以能够如此快速打动客户，最关键是他对客户两次走路姿势的准确判断：第一次门外缓慢的步伐，据此可判定对方是一个斤斤计较、犹豫不决的人；第二次在办公室中反复走来走去，可以判断对方急切的心情。其实，"门外缓慢的步伐"，也正是客户真实写照，而当他在办公室焦急地走来走去则是特定

情境下的一种心态反映，表明他当时心里非常不安，隐含着"急于得到"的意味，同时还带有一丝绝望、失望。言外之意是告诉对方"我需要帮助"，"我需要有人帮我做出决定"。

人走路时的姿势在所有的姿态中是最直观的，也是最容易被他人观察的。通过走路的姿态，能观察出一个人的性格特征和当时的心理状态。因此，销售人员在推销时可以根据客户不同的走路姿势来推断其当时的状态。

比如，步调大小、快慢、急缓等等，这些特征都反映着一个人的心理状态。如果我们在销售时，能够真正地抓住客户走路的特征，细心观察、探寻规律，就可以从"走路"的肢体语言中进一步了解客户心理。

（1）步伐不均，急促

这类人此刻内心正在为某事着急、焦虑，并急于解决这件事。这类步调通常出现在急于赴约的人身上，建议不要过度干扰他们，期待下一次机会成效较佳。

（2）步伐较大而平缓

这类人意志坚定，气定神闲，心情佳，对谈判或交易有很大的把握，通常情况下，必胜的信念和优越的心理往往会帮助他居于主动地位。这类客户如果没有什么特别事，他们一般不会拒绝你的介绍。

（3）步伐小而急促

这类人自卑，紧张，心理压力较大，时刻以抗拒的心态对待即将发生的事情。如果第一次没有给他留下一个良好的印象，以后会越来越难接触。所以，遇到这样的客户必须注意交谈的方式，你可以用"打扰您一分钟"的试探语接近，这样，他们的反应会立即明确。否则，你将要面临他们内心如火山的爆发。

（4）步伐小而轻快

这类人心情放松，充满愉悦，有时略带着跳跃步伐。他们通常对很多事情都能看到乐观的一面，并且感到满意。遇到这样的客户，向他们介绍产品时通常都会被欣然接受，加上情绪渲染，和他们对话过程中也会充满良性互动，是极好的洽谈对象。

第 8 章

微心理：
高情商销售人员
更注重抓客户心理需求

　　高情商销售人员总能轻易说服客户，原因在于大多数客户在购买过程中都会发生一系列复杂、微妙的心理变化，这些变化时刻影响着他们做出的购买行为。因此，做好销售工作的前提是读懂客户心理，顺着客户心理去沟通，去推销。比如，被尊重心理、被认同心理、追求个性化心理、自我暗示心理等，只要顺应了客户的这些心理，沟通就会简单得多。

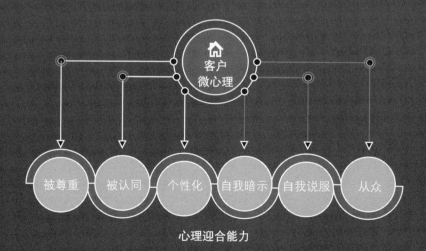

心理迎合能力

8.1 善抓客户心理，实现精准推销

很多人说，销售是一种技巧，我认为更多的是一种心理上的博弈。拥有再多的技巧，若不懂客户心理也很难成功。销售人员与客户的交往是一场心理较量，一旦在心理上占优势，就能赢得谈话的主动权，达到沟通的目的。

对于高情商销售人员来讲，只要客户存在一点购买可能性，就能将之变为实际购买力。对此，我深有感悟。那是10多年前的一件事情，我尚未大学毕业就到一个大型服装商城实习。说白了就是去做营销员，吃点苦，受点累不要紧，为的就是积累一些与客户打交道的经验，那里的店长刘姐绝对是一个高情商销售人员。

案例
1

当时，该公司招聘了不少新人，经过简单的培训就分配到各个分店做一线导购员。可以说基本上还不懂什么技巧，只记得培训师只说了这么一句话："只要进店都是有需求的。"

当时我对这句话半信半疑，但终究还是坚信，"每个进店的人都会买东西"。上班第一天正值周末，一大早就来了很多少男少女，有的三五成群，有的两两一对，他们一边闲谈，一边看衣服。

见有客户来了，我热情地走上去问："欢迎光临，请问有什么需要帮忙的吗？"

尽管我很热情，但大部分人都不予理睬，好像当我不存在一样。说真的，这种感觉真有些不爽。不一会的工夫，客户溜达了一圈又走了，我心里便更加不舒服起来。

接着，来了一位二十多岁的年轻女孩，她进店拿起衣服就在身上比画，还问我可不可以试试。我高兴地说能，那个女孩拿起就试穿，见她挺高兴，我以为她很满意，就问："觉得不错吧？才289元一件，很便宜的。"

谁知那个女孩说："什么衣服啊，这么贵，穷学生买不起！"

我忍不住了，脱口道："不想买干吗浪费时间啊，还试了这么多？"

那女孩不满地回应道："试衣服就一定要买？不买就不让试吗？"

我说："是的，不买就不让试。"就这样两人争执起来。

这时，店长刘姐走了过来，说："好了，消消气，对不起，我们有照顾不周的地方，望见谅。"

既然店长都这么说了，那位女孩也就没有说什么，非常不高兴地走了。

客户走后，刘姐对我说："你怎么能和客户吵起来？"我低头不语，自知错了。

刘姐安慰道，"你的心情我理解，就是想多卖出几件衣服，但是这种事情急不来，你要善于把握客户的心理，锻炼一段时间就知道了。"说着拍拍我的肩膀。

没过多久又来了一位男青年，仍是一副闲逛的样子。这次我有了经验，知道应该从心理上把握客户的行为，于是很有礼貌地问候，男青年表示不客气，并表明只是来看看的。

我说："没关系，看看也好，多比较才能买到最称心的东西。"

男青年转了几圈，相中了一件短袖衬衫，并在镜子前比来比去，我及时向其介绍了衣服的特点，并让他试穿一下。由于当时这件衣服与男青年的整体风格非常相符，我就很自然地赞道："这样搭配显得更精神了。"

只有短短的几句话，没想到竟令对方毫不犹豫地买了，显然，是自己的那句赞美起了作用，对于一个风华正茂的小伙子来说，正是爱美，爱虚荣的年龄，他们对衣服的要求并不在质量和价位上，而是在于能否最大限度地获得他人的回头率。

客户走后，店长刘姐表扬我："不错，不要与客户发生无谓的争辩，抓住客户心理才能引导他们去购买，有进步，继续努力！"

在以后的推销中我不再急功近利，而是尽量站在客户的角度去揣摩他们的心理，让他们心甘情愿地产生购买之心。这段经历虽然很单调，但作为我推销生涯的起点，使我认识到，做销售要抓住客户的购买心理，为以后的销售工作奠定了坚实的基础。

同在一家公司，做同样的工作，销售同样的产品，客户为什么就偏偏选择与他/她签约，而不是你？不是客户没需求，而是你不了解客户的心理需求。美国销售大师甘道夫博士有一句名言："销售是2%的产品知识+98%的了解人性"，98%的人性就是告诉我们做销售要善于抓客户心理。

上兵伐谋，攻心为上，要想提升销售能力和销售业绩，销售人员必须做好一点：善抓客户心理，分析客户心理需求，然后根据客户心理需求进行有针对性的产品介绍。经过我的总结与归纳，发现普遍存在的消费心理可以分为两大类：一

类是积极心理，一类是消极心理。积极心理如表8-1所列，消极心理如表8-2所列。

表8-1　消费行为中常见的积极心理

被尊重心理	讲究实用，具有使用价值，这是客户购买时普遍存在的心理动机，此类客户对产品的质量格外重视，而对外形的新颖、美观、色调、线条及"个性"强调不多
被关怀心理	这是一种"少花钱多办事"的心理动机，其核心是"廉价"，即花最少的钱，得到较多利益。此类客户也是最常见的，他们往往更看重产品的价格，即使质量很满意，往往也会因为价格不满意而放弃
求新心理	有这种心理的人在购买产品时，重视产品的欣赏价值和艺术价值，特别注重产品本身的造型美、色彩美，以及给人带来的精神享受
求美心理	有的客户好赶"潮流"，对比较奇特的产品感兴趣，一般出现在经济条件较好的，思想较开放的城市中，消费群体以年轻男女居多
求名心理	这是以一种显示自己的地位、威望为主要目的的购买心理，具有这种心理的人，多为那些处于社会高层的人。不过，由于名牌效应的影响，为了提高生活质量和个人品位，现在各阶层的人都开始有这种倾向，衣食住行都要选用名牌

从求实、求利，到求新、求美、求名，消费心理的转变，某种程度上代表了现代消费观念的转变。销售人员要学会根据消费心理的转变，更新推销理念，改变推销方法，只有时时刻刻以客户的消费心理为导向，才能实现更大的消费目标。

表8-2　消费行为中常见的消极心理

疑虑心理	怀有这种心理的人，动机过于复杂，其核心是对产品质量、性能、功效持一种质疑的态度，会反复询问，仔细地检查，以及其他售后服务工作，直到心中的疑虑解除后，才肯掏钱购买
被骗心理	这是对产品、对销售人员本人的一种不信任，其核心是怕"上当吃亏"。也许有过失败的购买经历，也许是道听途说，总之，怀有这种心态的人很难直接购买，除非你能拿出证据完全消除他们的担忧
仿效心理	这是一种盲目地从众式心理，他们没有自己的主张和主意，只是跟随社会潮流、周围人走。有这种心理的客户往往不是急切的需要，而是为了追随他人，超过他人，以求得心理上的平衡和满足
偏好心理	这是一种以满足个人特殊爱好为目的的心理，有这类心理的人比较理智，购买指向性也非常明确。这种心理以有某种特殊爱好的人居多，例如，爱养花、爱集邮、爱摄影、爱字画等等
隐秘心理	有这种心理的人购物时不愿被过多地干预，但一旦选中某件产品便迅速成交。比较成熟的男性，以及较年轻的消费者常有这种心理

明确了客户的消极购买心理之后，在推销时就要尽量地去避免，以免引起对方情绪上的抵触。

销售就像谈恋爱，需要用"心"——用"心"销售、用"心"经营。客户的行为是受其心理活动驱动的，这种活动有的是理性的，有的是感性的，但都符合一定的有规律。销售人员如果能掌握这些心理规律，并把握他们的思考方式，就会有针对性地采取灵活的销售策略，赢得客户的芳心。

8.2 向客户表达自己的尊重

一次培训课上，偶然看到一学员的笔记本上记录着很多客户名字，令我诧异的是，还分别用不同颜色标注出来，有红色的，有蓝色的……好奇之下我问了这都代表什么，学员告诉我，代表着不同购买意向的客户。

"根据什么划分呢？"我继续问。

这位学员得意扬扬地说，"当然是购买力了，有钱的客户都用红色画出来，没钱的都用绿色画出来。"

"客户会把有钱没钱刻在脸上吗？"

"那倒不会。"学员诧异地看着我。

最后我告诉他："那你最好不要根据钱多少给客户分类。"

作为销售人员，这种做法是要不得的，因为这不仅仅是一个独立行为，而是反映了你对客户是否足够的尊重。每个客户都有被人尊重的心理，你不尊重客户，产品质量再好对方也不会去购买。

很多销售人员总爱把客户分为三六九等，戴着有色眼镜看人。对于有购买意向的客户满脸堆笑，毕恭毕敬；对没有购买意向或者缺乏购买能力的客户则恶言相加。每个人都有被尊重，被认可的心理需要。美国心理学家马斯洛曾对人的需求进行分析，其中自尊和自我实现是人最高层次的心理需求，它一般表现为荣誉感和成就感，而荣誉和成就的取得来自社会的认可，来自他人真心实意地尊重。

因此，向客户表达尊重和敬仰之意是取得客户认可的基础，要想处理好客户关系必须学会尊重客户，只有在这个前提下才能进一步展开沟通。

> 我是一个非常懂得尊重客户的人，产品卖得最好，业绩最棒都源自我懂得尊重人。有一个同事曾经问过我："你是怎么做到的？"我的回答很简单，"我卖的不是车而是尊重"。
>
> 我既是这么说的，也是这么做的，每一位走进公司的客户都成了我的朋友。几年来，每见到一位客户，无论对方是年轻人还是老年人，是贫穷还是富贵，我都一视同仁，热情相迎，积极交流。

销售人员要尊重每位客户，无论对方是否购买产品，都要心怀感激，并且站在客户的立场去想问题，允许客户提出不同见解。

（1）站在客户的立场去想问题

销售人员经常遇到这样的情况，即虽无恶意，但客户却有受侮辱、被讽刺和被取笑的感觉。比如，对方正在犹豫是否买某件产品，销售人员冒昧地问"为什么不买"，这时，如果对方正在为价格高而又没有足够的购买能力犹豫时，就会有被羞辱的感觉。出现这样的反差，主要与销售人员在说话时没有充分考虑对方的立场有关。

销售人员必须学会站在客户的立场考虑问题，对方正在犹豫，要仔细询问对方犹豫的原因，而不是一味催促。

（2）允许客户提出不同见解

古人讲"十里不同风，百里不同俗"，每个人受教育的程度不一样，所处的环境不一样，对同一事物的看法也不一样，因此，接受别人实际上就是对他人最大的尊重。客户提出异议，销售人员不要置之不理或刻意打击，更不要一味地争论，非要争出一个谁高谁低，这是不理解、不尊重的表现。

正确的做法是，容忍客户不同意见的存在，然后根据实际情况进行有针对性地化解。其实，客户的异议对销售人员来说，也是一次改进和一次提高的机会，能够无形中提高自我认识。试想，如果对方都把自己的不快和异议藏在心里，不表现出来，就会像一颗炸弹，说不定什么时候就会爆炸，反而对推销不利。

尊重客户才能得到客户的尊重，也只有主动、适当地满足客户的这种心理需求，才能获得更大的市场，最终提高销售的成功率。

买卖是建立在双方平等的基础上，销售人员向客户推销时要充分尊重客户，尊重客户的想法、做法，同时，也要有自己的原则，不要过度献殷勤，否则都会失去交流的主动权。

8.3 营造环境，让客户有被认同的感觉

很多人都有这样的感觉：和张三在一起会谈得很尽兴，和李四交谈则感觉很别扭。造成这种不同感受的关键原因就在于谈话氛围的不同，良好的现场氛围是决定谈话能否顺利进行的前提。

随着消费观念的转变，人们在购买产品时，不仅希望物质上得到满足，还希望得到心理上的满足。而在心理满足上，最重要的两点便是环境的营造和销售人员对自己的态度。如果在推销的同时，能够给客户营造一种舒适、和谐的购买环境，使其内心卸下防备，那么，对最终达成交易将会有很大的促进作用。

纵观那些名嘴们，每每都能让听众尽情所言，让听众大呼过瘾，都源于拥有高超的营造谈话氛围的能力。

比如，有的餐厅就将环境设计得十分幽雅、舒适，播放优美的音乐，服务生态度热情、礼貌，其目的就是让客户吃得舒服，吃得开心。

案例 3

泰国东方饭店是一家有着110多年历史的世界性大饭店，这么多年以来几乎天天客满，想要入住的人都需要提前一个月预订才可以。该饭店之所以如此受欢迎，就是因为其经营秘诀：对每一位入住的客户都给予最细致入微的关怀，并营造出一个最舒适、最贴心的环境氛围。

饭店除了住宿、餐饮、娱乐等消费环境让人倍感舒适和享受以外，在服务上也会让人感到温馨和体贴。一位曾入住过这家饭店的先生感慨说：“我去过很多国家，也入住过很多饭店，可是唯有这家饭店，让我记忆深刻，并且会想再去入住。”

该饭店的服务生会将每个房间入住的客人名字背熟，然后在客人起

床出门时迎上来说："早上好，××先生！"

当客人下楼时电梯门一开，等候的服务生就会问："××先生，用早餐吗？"当客人走进餐厅，服务生又会问："××先生，要老座位吗？"饭店的电脑里记录了上次坐的座位。

菜上来后，服务生与客人交流时每次都会退后一步，以免口水喷到菜上。而当客人离开后甚至若干年后还会收到饭店寄来的信："亲爱的××先生，祝您生日快乐！已经5年没见到您了，我们饭店的人都非常想念您。"

泰国东方饭店这样的环境和服务让客户受到了最大的重视和关怀，因此，只要来过这里的客户都流连忘返。

正所谓细节决定成败，对餐厅而言舒适的环境和服务人员真诚的态度，就是对客户的最大重视，也是抓住客户内心的关键。不要小瞧了这看似简单的两个因素，它能够改变一个人的心理状态，从而使行为也发生转变。

因此，销售人员应该多从这些方面努力，利用环境的因素给客户营造一种心理上的满足感，使沟通朝着有利于自己的方向前进。

质量和价格是影响产品销售的先决条件，而外在环境则起着促进作用。一个产品要想受到客户的青睐，除了要营造好一个购买环境外，还要让客户在心理上感觉到被重视，被关怀。

俗话说，"感动"敲的是"心门"，而"打动"多靠利益。当客户拒绝与我们合作时，最巧妙的方法不是用利益去"打动"客户，而是用真诚、热情和耐心去"感动"客户。"打动"仅是单一的利益驱动，钱尽情散；而一次"感动"足以让他人回味数载寒暑，并会不断地影响着他周围的人。因此，巧用"情感"的力量，不仅能化解客户的拒绝，更容易成就"连环销售"。

对于销售人员来说，提高客户的心理感受是最不可忽视的地方，无论何时何地都要让客户感到温馨、舒适。这会增加客户的归属感，从而使其放松警惕，说出自己的真实想法和需要，并使彼此真诚以对，利于交易的顺利达成。

8.4　给产品贴上独特标签，满足客户个性化需求

随着时代的发展和产品的更新迭代，人们越来越喜欢购买、使用具有个性化的产品，尤其是年轻人，他们追求新颖、时尚、与众不同。因此，销售人员无论向客户推销何种产品都一定要谨记，产品不能针对客户的所有需求，而是要针对某一特定需求。

如保险公司会经常说某款产品只为回馈老客户而推出，数量有限，或者购买时间只限10天，过期就不再推出了等。我们知道，保险公司的人情商都比较高，他们善于分析客户的心理特点，知道只有给他们戴上高帽，让他们感觉到这款产品属于私人订制款，满足他们的个性化需求，才能使成交手到擒来。

案例 4

　　小李在某大型服装城里做批发销售人员，一天，一位顾客走进了她家的商铺，小李笑脸相迎："你好，是进货还是单买？"

　　"我不进货，随便看看"，顾客说。

　　小李："好的，您先看看，我们家的衣服都是出口的，质量非常好，价格也比商场便宜很多。"

　　顾客："哦，你这儿的衣服有号码吗？我比较胖，不知道能不能穿。"

　　小李："放心，全都有号码，外国人的身材普遍偏胖，像您这样的身材算比较瘦，所以穿中号，最主要的是我们家的衣服，一款只有一件，您穿出去绝对不会撞衫。"

　　顾客："是吗？这商城中这么多家商户，都没有和你家衣服一样款式的吗？"

　　小李："绝对没有，我们家的服装有自己的设计师和加工厂，而且很少内销，大部分都是走出口的，所以无论是质量还是样式，都是独一无二的。"

　　顾客："那把这件衣服拿下来我试试吧。"

　　小李："好的。"

客户试完衣服后对效果很满意，本来只是随便看看，可是却因为小李将衣服贴上了"独特"的标签而心动，最终决定购买。

每个人都希望自己买到的产品是符合自身个性化需要的产品，而不只局限于产品的质量。作为销售人员在向客户推销产品时一定要转变思路，尽量突出产品的"新""奇""特"等特征。这些特征即是"个性"，给产品贴上个性标签，去迎合客户追求新奇的心理。

在突出产品个性化的同时，应按照如图8-1所示的2个策略进行。

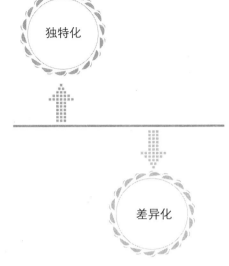

图8-1　突出产品个性化的2个策略

（1）独特化

俗话说，世界上没有完全相同的两片叶子，推销产品也一样，要善于挖掘产品独特的地方，让客户清晰地看到你所推销产品的独特之处。

销售人员只有找到产品的独特之处并将其展现出来，才能以此吸引客户的注意力，激发客户的购买欲。产品的优势是诱导客户需求的重要因素，当客户对你的产品不感兴趣时，你就要想办法从产品本身入手，找到产品的优势所在，而且必须是该产品独一无二的特性，竞争对手所不具备的优势。

（2）差异化

在这个越来越同质化的时代，人人都想着去模仿，甚至生搬硬套。此时，若能换一种思路，突出差异化，用打破惯常的方式进行销售，往往可以起到更好的效果。

比如，在各大百货店的化妆品柜台前，绝大部分导购员都是年轻漂亮的女性，这已经成为化妆品销售的固定模式。然而，有一次我陪老婆逛百货店，某品牌化妆品柜台前是清一色的男性导购员，让我们怀着好奇心就走了过去。

产品的个性是针对客户需求而言的，因此，产品在追求新、奇、特时，不能盲目，不能脱离消费者的心理需求。否则，产品即使再有个性，也很难令客户接受。

8.5 对客户的异议，给予积极的心理暗示

心理暗示是指人或周围环境以言语或非言语的方式，含蓄、间接地向个体发出信息，个体无意识地接受了这种信息后，而做出的一种心理或行为反应。

从本质上讲，心理暗示是一种条件反射，它会使人下意识地接受特定的意见或观点，不自觉地按照某个特定的方式行事，我们都有过这样的经历：吃饭前，别人说今天的菜真好吃，你一定会觉得的确不错，并且食欲大增。

在销售中同样可以用到心理暗示，并且这还是说服客户的重要技巧。心理暗示可以在客户提出不同意见时，给予积极的心理暗示，也可以巧妙地避免客户直接拒绝，让客户在不知不觉中购买产品。这样既保持了与客户的良好关系，又能够加快销售进程。

销售人员在推销产品时若能给客户以积极的心理暗示，强化他们对产品的正面认识，对达成交易会有意想不到的效果。

案例 5

某品牌护肤品推销员在为客户介绍产品时，采用的就是心理暗示的方法：

她将一名观众请上台，在其左脸涂抹上该品牌的护肤品，右边则什么也没涂。过一段时间后，请在场的观众观察这位观众两边脸有什么变化。

场下观众看了一会后，有的说没什么变化，有的说看不出来。

这时该推销员继续引导大家说："你们仔细观察一下，这边的脸是不是比另一边的脸白了？"

大家又仔细看了一会，有的说，似乎确实比没抹的那边脸白一些。

推销员一听，马上接口说："这位女士，你稍稍把脸侧过来一些，让大家看清楚，是不是真的变白了。"

随着她这么一说，大家果然发现涂抹过护肤品的那边脸真的比另一边脸白了很多。于是众人纷纷点头称赞，这套护肤品的效果确实很明显，在大家的见证下，当场成交了上百套护肤品。

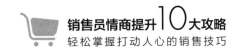
这套护肤品是否真的有这么好用，我们暂且不提，因为任何灵丹妙药都不可能刚吃下就发挥效果，更何况是涂抹在皮肤表面的护肤品。但为什么大家会信以为真，并立刻掏钱购买呢？这就是心理暗示的作用。

本来大家并没有看出变化，可是推销员却一再暗示大家"仔细看"一定能看出变白的效果。也就是说，销售人员运用"暗示"对人的心理作用，引导大家在心中产生理想化的效果，进而表达出来。世上没有绝对不受暗示的人，只是程度深浅不同，而相比之下，女人比男人更容易受到心理暗示。所以，用心理暗示的方法销售化妆品是再适合不过了。

很多商家正是深谙"暗示"的心理特性，才会提前为即将上市的产品做广告，因为他们知道，即使目前人们不会马上用到他的产品，但有一天用到的时候，这种暗示就会影响人们的购买倾向。

既然人们这么容易受到心理暗示的影响，那么销售人员就要学会制造最佳的心理暗示效果，使之为我们所用。在销售过程中的心理暗示可分为3类，具体如图8-2所示。

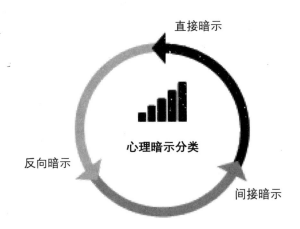

图8-2 与客户沟通中常用的3类心理暗示

（1）直接暗示

比如销售人员在销售产品的时候，可以重点强调"性价比"对客户的重要性。高质量的产品，低廉的价格，完美的服务和体验等，会给客户一种"我买到了物美价廉的产品"的心理暗示。

（2）间接暗示

比如当客户购买产品还存在着顾虑时，销售人员就可以向客户介绍生产该产品的企业在全国的能力和实力，如中国第一家从事该行业的企业、遍布全国的售后、庞大的客户群等等，让客户明白产品可以放心购买。

（3）反向暗示

比如在逛街时，有些客户明明决定购买某个东西，却故意拉着旁边的朋友说"不买了"，这时，卖家就会很无奈地在价格上做出让步。其实很多商家早就看出客户有购买意向了，是故意降低价格来刺激客户消费。

积极的暗示才能产生积极的心理，积极的心理产生积极的心态。销售人员要多给予客户更多的积极心理暗示，使其对产品有更多的正面认识，从而自觉地产生购买行为。

8.6 不断重复，弱化客户的抗拒心理

心理学上有个重复定律，讲的是任何行为只要不断地重复就能得到强化。做一件事即使再难，说一句话即使对方不认可，只要不断地重复，都会在人的潜意识当中得到强化，形成自己认可的事实。

做销售也一样，当你的推销遭到抗拒拒绝时，通过不断地重复，你的观点就会在对方心中得到强化，并在潜移默化中被接受。就像一个再难看的人每天在你眼前晃，你也会觉得不是那么讨厌了；再困难的工作，如果每天都做一遍也会变得得心应手；即使明明知道是假的，可如果有三个以上的人跟你说这是真的，你也会慢慢相信。为什么呢？因为，在心理学上，有一种魔性定律叫"重复效应"。重复是一种力量，这种力量在人们心里累积到一定程度后会产生暗示行为，从而改变人们的最初想法。

重复能加深人的潜意识，可使曾经淡忘的人或事在潜意识中恢复。销售人员若是能够合理运用这种心理，对获取客户认可、达成交易有很重要的帮助。

案例
6

王颖是某著名化妆品的推销员，她初次拜访客户时准备向其推销某品牌的化妆品，可对方连话还没听完就拒绝了，表示没有时间。其实，谁都能听得出来这是拒绝之意，大部分销售人员听到这句话后可能会选择就此告别，而王颖却是一位非常有经验的老推销员，这种情况她经常遇到，所以她选择的不是放弃，而是想办法争取到二次推销机会。

当客户表示"现在很忙，以后有需要会打电话给你！"时，王颖马上笑着说："没关系，不过我们公司最近正在展开一项关于职业白领女性美容问题的调查，您知道现在很多女性白领忙于工作和学习，脸上的美在一点点地消失……"

客户听到这里，若有所思的沉默了一会。

王颖立刻跟进说："我们女人，不仅要注重事业，还应该留住美貌，这才是人生赢家呢。像您这么漂亮，一定要记得好好保养，让青春永驻。"

客户不禁脱口而出："那我该怎样保养呢？"

有疑问才有销售机会，王颖抓住了这次机会，将之前带来的护肤品逐一展示给客户看，并为其量身打造了一套美容护肤的方案，客户很高兴地留下了一套。

上述案例中，王颖不断在重复美貌对女人的重要性，不知不觉中，客户也认同了她的观点，并且在潜意识中暗示自己，我也必须得保养了，否则美貌将离我而去。从语言学角度看她使用的正是一种重复强调的交流方式，即在谈话中多次重复一个内容。

通过这个例子可以说明，在销售中若是有意识地重复讲述产品的某一特点，可以最大限度地加深产品在客户心中的影响力。现在有一句流行语叫：重要的事情说三遍。可见，在我们的潜意识中，事情只要被传达三遍就能加深印象，改变我们原有的看法。但事不过三，也就是说无论任何事情都有自身的规则，重复固然重要，但无休止地重复也不见得是好事。

对于销售人员来说，要把握好两个重复时机，如图8-3所示。

产品的特点、
优势及给客户带来的利益

01

02 谈话的重点内容

图8-3　与客户沟通中常见的两个重复时机

（1）产品的特点、优势及给客户带来的利益

在销售过程中，并不是所有客户都会与你的想法一致，相反，大部分客户对销售人员会有防备之心，他们会认为，销售人员是为了挣他们的钱而夸大其词。此时，销售人员应该适当地重复产品的特点，或者能给客户带来的好处，以扭转客户的固有思想，打开其心门，让客户认同你的观点，只有这样，销售才能够继续。

（2）谈话的重点内容

重复一定要有侧重点，抓住对方话语的重点进行简短地回应，即能引起对方的好感。没必要句句重复，也没必要一句重复多次，否则，无异于和尚念经，毫无意义。

比如，当对方陈述完一个问题后，你可以说："让我来确定一下您的意思，您是说……吗？"这种复述很容易让对方感到愉快，如果你复述的完全正确，对方会说："没错，就是这样，你完全理解了。"如果你复述错了，对方会补充道："嗯，是的，还有一点……"这样能使沟通更加深入，让你更好地读懂对方的意思。

重复的力量是巨大的，重复客户所讲的话并对其进行一番总结，可以使客户对你产生好感，加深对你的印象；重复产品的特点及其对客户的重要性，可使客户对产品产生认同和信赖感。高情商的销售人员都比较善于利用"重复"这一简单的表达方式，来赢得不简单的交易结果。

8.7 不可忽视的"从众"心理

社会心理学研究表明，从众行为是一种普遍的社会心理现象。尤其在消费过程中，从众行为更甚，比如在百货商场或超市中，有很多人在排队抢购某商品，那么，大部分看到的人都会毫不犹豫地加入其中，就算明知道该商品暂时对他没有用，也仍会购买。因为，他们会认为，这么多人购买的产品一定差不了，今天用不上，也许明天就用得上了，所以先买回去再说。

销售人员若能巧妙地利用客户的从众心理，在推销时就可以着重跟客户说："大家都买了这款产品，而且还有很多人重复购买呢。"从而利用客户的从众心理，让他知道这是"大家"都认可的产品，激起他们的购买欲望，那么成交也就变得相当容易了。有时客户之间的相互影响和相互说服力，可能要大于销售人员的说服力。利用客户的从众心理促成交易，是一种最简单的方法。

一个卖茶的销售人员在向酒店推销茶叶时说："王总，我们公司的龙井茶，都是今年清明前刚采摘的，无论是色泽还是味道，都非常受欢迎。"

王总："我们酒店一直都有合作茶商，目前还不打算找新的合作商。"

销售人员："没关系，给您留下一盒尝尝。咱市内好多家大酒店都在我们这拿货，每天的用量都好几十箱呢。我一人说好不叫好，大家说好才是真的好呢，您说是吗，王总。"

王总："这倒是，那我先尝尝。"

销售人员："王总，如果贵酒店愿意在我们这拿货的话，我们可以每天送货上门。"

王总："那行，明天你过来签下合同吧。"

利用大多数人的"从众"心理，虽然对达成交易有显著效果，但也不能一概而论，还应注意以下3个问题，具体如图8-4所示。

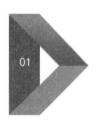 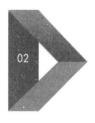 

产品具有一定的代表性、典型性　　向客户列举具有说服力的人　　所列举案例必须是真实存在的

图8-4　利用从众心理的3个条件

（1）产品具有一定的代表性、典型性

产品是从众性销售的基本条件之一，从众心理从反方向来理解的话，就是因为大家担心买到了不好的产品，所以才借助于"众人"的眼光。因此，具有一定的代表性、典型性的产品才能够引起大家的争相购买，否则即使这次卖出去了，也必定是一锤子买卖。

（2）向客户列举具有说服力的人

所谓的从众，就是跟从，你说什么我做什么，人云亦云。但这种心理能被激发到什么程度，还与"跟从谁"有关。

一般来讲，大众更愿意跟从自己熟悉的、具有权威性的或者影响力较大的明星、名人。如果销售人员举一个大家都不熟悉的人或事的例子，那么说服力就不会太大，甚至没有。所以，高情商销售人员会精心挑选从众对象，要尽可能选择行业内影响力比较大的，或大部分人都熟悉的老客户作为列举对象，以将客户的从众心理彻底激发出来。

（3）所列举案例必须是真实存在的

所列举案例一定要是真实存在的，不能用欺骗手段，用"托儿"制造假象，让人误认为有很多人购买。因为现在任何行业都不再是一家独大，客户的选择权也越来越多，一旦谎言被揭穿，就会严重影响客户对你及公司的印象，交易无法达成事小，公司声誉受损则比较严重。

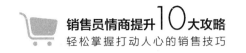

现代社会是一个崇尚个性化的社会，在销售过程中，销售人员也会发现有些客户喜欢追求与众不同。对于这样的客户，就不要轻易使用此种方法，以免弄巧成拙。利用客户的从众心理进行销售时要注意适度，不要让客户产生被欺骗和愚弄的感觉。

8.8 对方真的拒绝就别死缠：学会多听多看

每个客户都有自己的立场和想法，而且他们通常不会把这种立场和想法直接告诉销售人员。取而代之的是，他们会借助一些借口或理由来搪塞、应付。这也为销售人员的推销增加了不少难度，常常因为误解客户而错失了很多机会。

无法掌握客户内心的真正想法，就无法分清客户是真拒绝，还是假拒绝。为此，销售人员必须多听、多观察、多思考，通过客户的言行来搜集更多的信息，并通过独立的思考对这些信息加以鉴别，得出正确结论。

案例
8

萧蔷是石材推销员。一天，她好不容易约到了某公司的老总杨先生，双方约好了见面时间。这天，萧蔷准时赴约。不巧的是，刚一见面，客户就接到了一个电话，随后便对她说："萧小姐，我现在抽不出时间，您下次再来吧。"

当听到客户如此说之后，她马上把客户的话定位为"谎言"，因为在她的经验中，只要客户以"没时间"来推脱，就一定是在找借口。

于是她根本没有理会客户的话，而是用一种请求的口吻说："杨总，您看我大老远地赶来，是非常有诚意的，希望您能给我一次机会，让我做一个简短的介绍。"

"实在是对不起，您来得不巧，我真的有非常重要的事情需要处理。"

"什么事情比你谈生意还重要啊！"说着，不等对方解释，萧蔷就拿出了公司新推出的样品，展示给客户看。但是此时的客户已经有点焦急了，低头扫了一眼，然后就说："不错，不错！"但是，萧蔷完全没有注意到这一切，仍在继续讲解新产品的特点。

最后，客户终于打断了她的话："这样吧，您先跟我的助手谈谈，我先走一步。"说完，便大步流星地走出了办公室。

销售人员张天是萧蔷的同事。一天张天去拜访客户杨总，当他到客户办公室时，正好看到客户在收拾东西准备离开。

看到张天的到来，杨总借故离开。张天似乎看出了客户可能有事情，但真的不想白跑一趟。于是，他放下手提包，拿出了公司新推出的样品，展示给杨总看。

"杨总，请给我一分钟的时间。"

杨总低头扫了一眼，然后就说："小张，非常不好意思，正好有个重要客户过来，我需要亲自去车站相迎，您看咱能不能另约时间。"

张天注意到客户的语气非常诚恳，更重要的是，他从办公桌的一侧看到杨总在不停地抖动双脚。此刻他意识到，杨总可能真有事要办，又联想到刚才进门时看到杨总收拾好的公文包，便肯定杨总一定有急事。于是他主动问道："杨总，您有事情我就不耽搁您了。就按您说的办，我们再约个时间面谈，后天下午2点您看怎么样？"

杨总说："好吧，就定在后天下午2点吧。"

张天赶忙向杨总道了个歉，走出了办公室。三天之后，张天接到杨总打来的电话，约他去公司洽谈产品一事。

上面的案例说明，有时候客户的拒绝也是一种事实，销售人员在推销中一定要善于分辨客户的真假拒绝。如果真是事实，那么，销售人员千万不可根据自己的想法百般去阻挠，否则，不仅会影响到整个销售过程，甚至会完全葬送此次销售机会。

所以，销售人员在判断客户拒绝的真假时，不能想当然地去判断，必须有足够的证据，依靠证据做出正确判断。通常来讲，可以通过如图8-5所示的行为来判断。

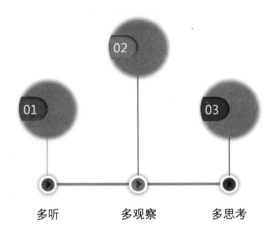

图8-5　判断客户拒绝真假的3个方法

（1）多听

在与客户交流的过程中，倾听是一种无声的交流。优秀的销售人员善于利用倾听来判断客户的心理状况。因为同样一句话，在不同的语境中表达的意义完全不同。当客户表达心中的真实想法时，其说话的语气、口吻都会与说谎时不同。而这些细节，如果不仔细去听是很难注意到的。

（2）多观察

多观察主要是看其神态、肢体语言等，当一个人心中有事，又不便于明说时，首先会通过神态、行为表现出来。这时，销售人员可以通过多看多观察，并适时地加以分析，及时去捕捉到这些细节。

（3）多思考

销售人员要想更好地把握客户的心理，与客户形成互动，除了多听、多看之外，还要多思考分析，对听到的、看到的做认真总结，真正领会客户的心情和真正意图。

在面对客户拒绝时，销售人员要学会多听、多看、多思考，全方位、多角度地对客户的拒绝进行正确的判断、分析。辨别真伪，去伪存真，是每一个销售人员必须学会的头等大事。

第 9 章

来场有感染力的产品展示，让客户买得舒心放心

高情商销售人员总能够给客户以良好的购买感受，因为很多时候客户买的就是一种感觉——被尊重、被认同、放心，从这个角度看销售人员其实就是在推销自己。销售人员可分为4种，分别为卖价格、卖产品、卖服务、卖自己。高情商销售人员在销售产品之前，首先要做的是销售自己，塑造产品的价值，让客户买得舒心放心。

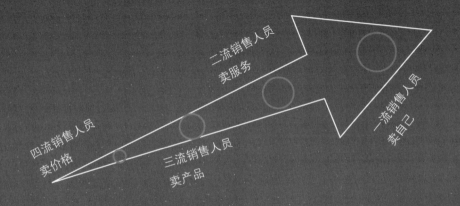

二流销售人员
卖服务

一流销售人员
卖自己

四流销售人员
卖价格

三流销售人员
卖产品

9.1 凸显产品卖点，体现产品独特主张

寻找、发掘、提炼产品的卖点，就是提炼产品价值的过程，不同产品有不同的价值，即使同类产品也存在着独特的价值。高情商销售人员在推销之前，都善于围绕产品去做深入的思考分析，以找出独特卖点。

所谓"卖点"，是指商品具备的前所未有、别出心裁或与众不同的价值。这些价值，一方面是产品与生俱来的，另一方面是通过营销策划人的想像力、创造力"无中生有"的。不论它从何而来，只要能使之落实于营销的战略战术中，化为消费者能够接受、认同的利益和效用，就能达到产品畅销、建立品牌的目的。

买和不买永远不是价格的问题，而是价值的问题，销售就是要不断地向客户宣传产品的价值。在营销学上，流行着一个著名的概念——USP，即独特的销售主张。意思是，推销产品要有"卖点"，卖点即我们常说的产品价值。想让客户购买你的产品，一定要让客户看到产品的价值所在。

因此，有时候需要对产品卖点进行深度挖掘，这是激发消费者购买欲望的一种手段或技巧。有了卖点才能更好地展示产品，也更能显示出销售人员的专业性。有的销售人员不懂得如何寻找卖点，每次给客户介绍时都显得捉襟见肘，尤其是遇到一些比较懂行的客户时，更是不知所措，三两句话就被反问得哑口无言，结果只能是眼睁睁地看着客户离开。

凸显产品卖点的过程，其实也是在给自己的销售加砝码，卖点越多、越精准，向客户推销时的成功率越大。

案例 1

小江是家具卖场的一名销售人员，做这行已经五六年了。每次有新款家具推出，他基本上都不需要看公司整理出来的产品介绍，便能找到其中的卖点。正是因为他的聪明才干，公司提拔他为卖场经理。

有一次在给新人培训时，他说："客户买家具最看中的就是风格、设计、颜色、材质，然后是工艺、品牌、功能和配件等。摸准了客户的心，介绍起来就相对容易很多。比如在风格上的把握，有的客户喜欢时尚大气的款式，而有的客户却喜欢朴实无华的实用型家具。如果风格推荐错了，那以后任你唾沫横飞，对方也不会买你的账。风格定好之后，再介绍颜色，如近几年流行的白色，和一直不过时的紫檀色、原木色等。

相对来说，颜色是最好选择的，然后就是材质。材质听起来种类多，其实无非就是实木与加工的复合木板。客户一般还会注重使用上的功能，毕竟家具买回家不光是摆设，还要能用才行，所以在功能介绍时，可以多下点功夫，最好配合上产品演示。

现在的家具功能设计，只有你想不到，没有做不到的，所以一定要演示给客户看，让他们知道每一个格子，每一个抽屉都可以怎样用，能够装多少东西，能帮助他们省多大空间。只有做足功课，让客户认可了你，才会在你这买家具。总之，我们做销售人员的，在销售产品前，一定要仔细分析客户买家具最关心的是什么，明白了他们的内心想法，卖点找起来就会容易很多。"

在小江的培训下，很多新来的销售人员都能够在短时间内学会如何寻找家具的卖点，并很快能够独当一面。高情商销售人员一定要给客户介绍有含金量的内容，一定要学会创造价值，为顾客创造他需要的价值。

卖点一般可以分为产品自身的卖点和外部卖点。产品自身的卖点包括技术卖点、价格卖点、功能卖点、品牌知名度卖点等等。外部卖点包括企业服务卖点、销售人员个人方面的卖点等，如图9-1所示。

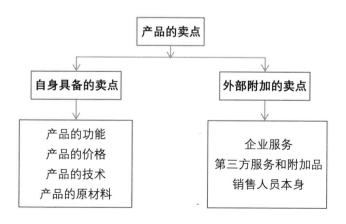

图9-1 产品的卖点提炼

这里我们重点介绍一下外部卖点，因为随着生产、制作、包装技术的提升，产品本身的卖点越来越少。对于产品本身的优势，我们只需要烂熟于心，对本公司的产品进行深入的了解，与同类产品进行质量、价格、材质、外形、包装等方面的详细比较，同时找出自家产品不同于其他产品的地方即可。

相反，现在都在拼外部卖点，因此，销售人员要善于发现产品本身以外的优势，并将其转化为独特卖点，让客户认识到产品所带来的额外利益和附加价值。

除了善于挖掘产品卖点之外，还要学会如何更好地展示卖点。因为只有让客户听到了，看到了，感受到了，所谓的卖点才有意义。以下是展示卖点的4个技巧。

（1）找一个好的展示角度

人们总是习惯于从一个角度去观察事物，却忘了角度的不同也会使人获得不同的感觉和感受，从而形成不同的印象和看法。所以，销售人员应该从不同的角度来展示产品，帮助客户了解产品，使客户感到新奇，从而形成良好的第一印象。销售人员选择展示产品的角度如果不合理，不仅让客户看不清楚，无法体现出产品的好处，还会让客户觉得兴趣全无，浪费时间，从而引起客户的不满。

（2）找一个好的展示时机

产品展示必须选择恰当的时机，以引起客户的注意。销售人员只有寻找到了恰当的时机，他所展示的产品才可能吸引到更多的客户。只有引起了客户的注意，才能更好地销售出产品。

（3）有一个欣赏自己产品的态度

当销售人员在向客户展示产品时，必须表现出十分欣赏自己产品的态度，只有这样你的展示活动才能收到理想的效果。俗话说群众的眼睛是雪亮的，销售人员如果不欣赏自己的产品，在展示产品时必然会显露出来，一旦被客户发觉，结果不言而喻。

（4）展示产品时要诱导客户的兴趣

在销售过程中，销售人员最好能够制造出戏剧性的效果。制造戏剧效果实际上是与展示商品同时进行的，它可以使你所推销的产品成为生动故事的主角，并增加客户对产品的信赖，加深客户对产品的印象和兴趣。

高情商的销售人员都比较善于利用故事、玩笑或者一场闹剧来抓住客户的好奇心理，引起客户的兴趣，继而呈现出产品、展示卖点，诱惑目标客户对产品产生兴趣，从而进行商谈和交易。

9.2 进行饥饿营销，营造产品稀缺的感觉

在现实中，我们经常看到很多产品会以预售、限量、多次小批量等方式销售。其实这是一种营销手段，用专业术语来说又叫"饥饿营销"。所谓饥饿营销，其实就是通过定量来营造产品稀缺的感觉，从而达到热销的目的。

任何东西只要一开始抢，销售就会猛增，很多商家正是看好了饥饿营销背后的心理因素，才不惜背上"骂名"也要频频使出这个招数，比如现今的房地产业。看房、买房的人应该都遇到过这种情况：好房源永远只有一两套，而且今天不买，明天再问肯定就少了一套，再等一天，销售人员会告诉你，连最后一套也没有了；或者销售人员会当场"逼迫"你交订金，否则就被"准"客户抢走了。其实大家明明知道这是房地产商故意制造的假象，但却没有办法，因为之前看好的房子即使真的没卖出去，销售人员也不会再给你了，此种情况下，好多人即使内心气愤也不得不"束手就擒"。

保险行业偶尔也会使用一次饥饿营销的手段来吸引客户。比如2017年9月，某保险公司推出的一款理财性保险，这款保险主要是以存款反息为主打的产品。他们给出的条件是，只要购买这个理财保险的主账号，就会同时赠送一份每年60万的住院险和一定额度的日单利月复利的账户。但是，这份理财保险只销售15天，到9月30日就会全面截止。

当时很多人都被他们开出的条件所诱惑，纷纷抢购，也有少部分人打算考虑考虑。在临近9月底前，保险销售人员便给一些老客户打电话，以关心急切的口吻声称：还有3天这份保险就截止了，这么好的保险再不买就没有机会了。只要每年存入几万，20年后就不用再担心养老问题了，而且还给一个日单利月复利的账户……

在销售人员的层层利诱下，即使之前没打算购买的客户也因为这份保险"时间有限"，决定先抢购一个再说，以免造成损失。

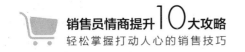
饥饿营销作为一种营销模式，关键点在于产品对消费者的吸引力，以及如何让消费者感受到供不应求的紧迫感。成功的饥饿营销能够提高产品的售价和利润率，维护品牌形象，提高品牌附加值。

高情商销售人员在使用"饥饿营销"时是讲究技巧的，这些技巧主要包括3个，如图9-2所示。

强化产品的   把握好饥饿的"度"   因人制宜
独特优势   灵活应用

图9-2 "饥饿营销"的运用技巧

（1）强化产品的独特优势

能够被"抢"购的产品，一定是具有独特品质，或者有足够的利益诱惑。如果是普通得不能再普通的产品，那无论你如何制造假象，也不会有人问津。因此，利用饥饿营销的产品，必须具有在短期内无法被人复制的独特优势。只有不断加强产品的自身特点，才能为实施饥饿营销创造有利条件，才能更好地开展饥饿营销工作，进一步抢占市场先机。

（2）把握好饥饿的"度"

在利用饥饿营销的方法之前，先要对市场现状进行充分的了解和调查，包括需求大小、兴趣程度、购买欲望等。其次，就是要把握好"饥饿度"，过度饥饿会使一部分消费者失去耐心，给其他竞争者以可乘之机。这个度最好满足"三分饱，七分饿"的原则。

（3）因人制宜，灵活应用

随着市场竞争的加剧，消费者的购买需求也在不断发生变化，在使用饥饿营销的方法时必须密切关注市场环境的变化，以及由此可能引发的消费者购买心理、购买行为的变化，以便能够及时做出调整，灵活应用。

饥饿营销对消费者心理的激发机制，是故意制造商品的短缺假象，让消费者感到紧张，激发消费者的购买欲望，让其感受到"占有"的快乐。这时的消费者已被吊足了胃口，消费动机因而产生。但是注意不要让你的用户饿昏了，否则就起到反效果了。

9.3　借力促销道具，以四两之力拨千斤重

通过促销道具来增加自己产品的销量已经成为一种惯用的手段，很多商家在销售主产品时都会附带一些小礼品，比如买一套房子，商家会赠送室内装修或者出国游；买一套锅具，商家会额外赠送一套餐具等。

促销道具在这里充当了一个买卖双方交流的媒介，销售人员如果能巧妙地利用这些"道具"，就会营造一个良好的谈话气氛，推动销售活动更顺利地进行。

在所有的道具中，海报是最常用的一种，尤其是在大型的促销会上。接下来我们就来看一个事例，足以说明海报在销售中的作用。我们经常能看到，在商场里或超市里会打出"买一赠一，买二赠一"的宣传海报；在产品展销会、促销活动上，也会有各种各样的演示道具、赠品等等。其实，这些都是为促销设置的道具，目的就是利用这些道具促使客户购买商品。

金秋十月，新街口商场举办了一起以"大干四季"为主题的促销活动，重点推出秋冬新品。在商场内部POP的设置上，商场注重让客户一进入店里就能看到与需求相对应的供应，再加上渲染一新的宣传形式、整齐的陈列，配上色彩的搭配，给人以温馨温暖的氛围，增强顾客的购买欲望。

10月份，天气开始慢慢转凉，所以商场在进门口位置放置羽绒系列的产品，给客户特别温暖的感觉，这种方式收到了良好的效果。

有一天来了两个客户，一男一女，其中一个客户说想要选购冬被，正好看到我们床上铺的羽绒被，就上前摸了摸手感，我们的导购员就上前热情的接待他，问他需要什么。他说想买品质好的羽绒被，我们给他

推荐了进口豪华羽绒被，给他介绍的这款是匈牙利的蒙鹅，因为匈牙利那边比较寒冷，昼夜温差比较大，所以绒朵也比较多，而且我们的羽绒被在制作过程中经过脱脂烘干，循环水洗，最后一道水要达到饮用水标准才可以出售，而且面料是超柔全棉，里面还加了防护层，用起来无后顾之忧。最后从客户眼光柔和、嘴角上扬的表情中就知道客户很满意。

促销道具是拓展销售人员和客户交流的一种重要工具，有经验的销售人员在向客户介绍产品时会巧妙地利用身旁张贴的海报、LED演示道具、摆放的赠品等。为了更好地宣传品牌、展示产品，扩大产品在客户心中的影响力，有时候必须借助一些促销道具。

这些道具能增加产品的附加值，每一个道具在某种程度上都可以作为一款商品的附加值。销售人员在推销之前，要有意识地准备一些有利于促进销售的道具，或者有意识地将客户向这方面引导。常用的促销道具如图9-3所示。

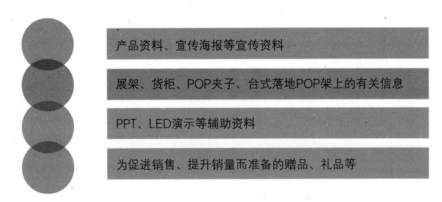

产品资料、宣传海报等宣传资料

展架、货柜、POP夹子、台式落地POP架上的有关信息

PPT、LED演示等辅助资料

为促进销售、提升销量而准备的赠品、礼品等

图9-3 常用的促销道具

好的促销道具可以很好地协助销售，但是，一定要实用，保质保量，符合客户的消费心理需求。那么如何在实用、保证质量的基础上让客户感兴趣呢？这就要求在选材、质量、设计等方面要保证足够好。

随着全球气候变暖的影响，夏季高温天气变得越来越多，很多商家便想着用扇子当作促销品，让消费者消暑纳凉用。但是，大部分企业在选择扇子的造型和材质时都会选择那种PC材质的硬板扇子，并将产品广告以大画面图片形式放上去，使消费者一拿起扇子便看到宣传广告。殊不知这种促销品不但不能让消费者买账，还会特别的反感。因为这种扇子不方便携带，拿出来也不体面，尤其是印有宣传一些私密性药物的广告的时候。

于是，某品牌眼镜店别出心裁，虽然促销品都是扇子，但却是一款8寸长的绢扇，而且也没有直接将产品宣传语印在扇面上，而是在正面隐喻地印了四个婉约的大字，在反面则配上几行诗情画意的小楷，让人看起来既有江南水乡的文化底蕴，又有企业文化的内涵，消费者拿到手里都非常喜欢。虽然成本是PC扇子的十几倍，但却受到了很多消费者的喜爱，因为绢扇不易折断又防水，携带也方便，还不失体面。

利用促销道具的目的在于扩大产品在客户心中的知名度，因此，销售人员一定要掌握好选择促销道具的4个原则，具体如图9-4所示。否则不仅增加了成本，还会阻滞销量，得不偿失。

图9-4　销售道具选择的4个原则

（1）相关性原则

相关性原则是指选择的促销道具与产品本身一定要有相关性或互补性。比如买房子送装修或送家电、家具等，买锅具送刀铲等。这些与产品相关的促销道具不仅能够让客户产生物超所值的想法，还会在使用赠品时马上想到产品，想到产品所属企业，起到传播企业产品、提升品牌形象的作用，并能够产生信赖的

心理。

道具是为了加深客户对主产品的印象，提高主产品的知名度。所以销售人员在选择道具时一定要选择与主产品相配套、关联比较紧密的东西，体现主产品的特性。如果促销"道具"和主产品毫无联系，就很难起到相应的作用，不但侵害到客户的利益，反而会损害了公司形象。

（2）实用性原则

赠品也是广义上的促销道具，也就是说当将赠送的促销品作为促销道具时，赠品一定要有实用价值，让客户觉得物超所值。

贪小便宜是人的天性，当附赠的促销品物超所值时，即使客户暂时不需要购买产品，也会为了附赠品道具而买。比如买牙膏赠送保鲜盒，有的人暂时不需要牙膏，但亟须保鲜盒，因此会为了卖保鲜盒而去买牙膏。只花一支牙膏的钱就能得到一支牙膏+一个保鲜盒，对于这样的消费者很划算。

（3）新颖性原则

新颖性原则是说，选择的促销品一定要新颖，不能总是一成不变。比如，在超市买过洗衣液的人都知道，某品牌洗衣液的促销品永远都是满多少元送一辆购物车。试想，谁家里会囤一堆购物车呢，既用不上，又占地方。

所以，只要拥有一到两个购物车的人都不会再购买该洗衣液，反而会选择有其他赠品的洗衣液。所以，选择促销品一定要新颖，仍以牙膏的促销为例，如果这个月是买一赠一，下个月是买一支牙膏送淹泡菜的小玻璃罐子，再下个月又送玻璃保鲜盒，就让客户永远都有新鲜感，才会不断地购买你的产品。

（4）季节性原则

季节性原则是说，促销道具一定要根据季节的变化而变化。夏天很多产品都会附带一把消暑扇，可是冬天再送扇子，就不会被人所接受。所以销售人员在选择促销道具时不能只把它当作一种任务来完成，而是要好好利用促销道具的附加价值，让它为你的产品而服务。

促销品是为达成企业产品销售而配备的战略用品，也是消费者为什么选择这款产品的一个理由。因此，选择促销道具不仅要有新意和市场差异化，还要能够迎合消费者的需求以及吸引他们的眼球。只有学会巧妙地利用促销道具，才能发挥其最大价值。

9.4　善于扬长避短，化被动为主动

在所有的客户看来，任何产品都存在不足之处，如颜色、包装、外形等等，这些劣势往往成为客户拒绝购买的理由。销售人员在向客户推销时，如果能做到扬长避短，回避劣势，并巧妙使优势得到最大限度地体现，则能成为成功的转折点。

因此，销售人员在推销时，要善于扬长避短，将优劣势转化，把客户关注的焦点从劣势转移到优势上来。

市面上曾经有很多帮助孩子学习的学习机，其中有一个品牌最火爆，在电视的各大频道也都做过广告。但是这款学习机刚开始并没有那么好卖，甚至被人说成是垃圾品，因为它有一个明显的缺点，就是噪声太大，非常影响孩子的听觉。

但在销售人员的解说下，这个原本极其影响销量的硬伤，却成了它的最大优势。销售人员是怎么说的呢？

"我们这款学习机的最大优点就是，可以'仿真环境'，让孩子能在常态环境中养成专注学习的好习惯，家长们不用再担心孩子学习时受外部噪声的影响了。"

就这样，噪声大的缺点竟成了优点，也是这个优势，促使该品牌销量也一路飙升。其实，很多时候就是这样，优缺点也可以相互转化的，关键就看怎么定位。我自己也有这样的亲身经历：

一次陪同事去买首饰，她想买一个项链坠，但是不知道选铂金的好还是黄金的好，所以就在商场的几家金店多逛了一会。其中有一家黄金

首饰店的项链坠款式比较多，店员见我们走过来，就热情与我们打招呼，并询问我们想买什么。

同事说想要一个项链坠。店员："您是自己戴，还是送长辈。""我自己戴"，同事说。店员很快就选了几个款式新颖的给同事看，并且一直介绍着说："这几款都是采用比较流行的镂空雕刻工艺，形状根据您个人的喜好可以选择心形的、绣球形的、小苹果形的……我们家都是千足金的，质量保证，而且黄金还可以保值升值。"

同事拿了一款绣球形的试戴了一下，样子倒是挺好看，不过同事问店员："这款镂空的戴时间长了会不会进去很多灰尘，就不再这么亮了。"店员说："一般首饰佩戴时间长了都会暗淡的，这也是正常的。"同事又问："黄金本身的金质就比较软，这款又是镂空的，如果压着了会不会变形啊。"店员说："会的，所以建议您睡觉前摘下来。"同事一听，皱起了眉头，谁带个项链坠还要每天摘摘戴戴这么麻烦，又不是装饰品，于是只好转去逛其他家金店。

我们又来到一家卖铂金首饰的金店，店员开始也是询问我们要买什么，在得知同事想买一个项链坠后，便耐心地帮她推荐了几款。同事看好了一款不规则形的蝴蝶坠，店员介绍说："这是采用最新工艺——拉丝工艺制作而成的，在光照下会呈现五颜六色，而且它的斜角设计，又使这款蝴蝶坠戴起来给人以俏皮可爱的感觉，不呆板。"同事依然问这个店员，项链坠戴久了会不会变暗。该店员说："您放心吧，拉丝工艺的最大好处就是避免了金首饰佩戴时间久了没有光泽的缺陷，而且这款项链坠整体无死角，完全不会有灰尘积累，还会越戴越亮的。"同事又说："这么小一个坠，会不会在我睡觉的时候压扁了呢？"店员说："铂金的硬度要比黄金强很多倍，即使您使劲用手压都不会变形的。"

同事当时已经心动了，但还是忍不住说："铂金没有黄金有保值升值的空间。"店员笑着说："我相信，您买这个项链坠是为了使自己更漂亮，而不是为了它能够给您带来多少价值吧，而且我们是周X生的金店，含金量您不用担心，如果以后您不喜欢了，还可以直接来我们店以旧换新呢。"店员的一席话彻底打消了同事的顾虑，于是果断选择了这款铂金项链坠。

同样销售首饰，铂金店的店员就能够很好的扬长避短，将铂金不能保值的劣势从赞美客户的角度一带而过、避重就轻，并从客户的角度介绍项链坠的优势，最终达成销售。而黄金店的店员，对于黄金的两大劣势，暗淡和太软的缺点无法给予更好的化解，将原本对黄金比较感兴趣的客户也推向了别的金店。

上述两个例子都是当销售人员遇到客户对产品有质疑时，而采取的一种积极措施，从而将劣势转化成优势，成功扭转被动局面。

（1）转换卖点，突出其他代替优势

产品的优劣势，很多都是相对客户需求而言的。销售人员一定要围绕客户需求来决定产品的优劣势，转换卖点，当供求双方能在这两点上达成一致时，成交就变成自然而然的事了。

任何一款产品在相比之下都没有完美的，而销售人员需要做的就是将产品的劣势转化为不同客户眼中的优势，简单地说就是根据不同的客户会看中产品的不同卖点而着重介绍。一名优秀的销售人员应以敏锐的眼光洞悉客户的内心，根据客户的倾向采用不同的说辞，向客户重点展示他所看重的那一功效。

（2）对产品存在的缺点进行弥补

这是下下策，遇到比较固执的客户和希望贪图小便宜的客户可以采用这种方法。因为，这类客户其实并不在乎这些缺点和不足，而是希望以此获取更大的优惠。这种情况下，你重点向他们讲述要采取什么弥补措施即可。只要弥补做得足够诱人，这类客户会毫不犹豫地购买。

在推销过程中，每个销售人员都会遇到特别挑剔的客户。此时，无论自己所推销的产品是否存在缺陷，最重要的一点就是态度要端正，明确自己产品的优劣势在哪儿，并要用产品的优点去弥补缺，争取客户的购买权。

产品的优点、缺点是客观存在的，同时也是针对客户的关注点而言的。客户的关注点不同，产品的优劣势也会发生转化。因此，在评价一个产品好坏时，不能盲目下结论，需要综合判断。

因产品本身或市场资源或政策限制等方方面面的原因，总会出现或多或少的不利情况，此时，若能转换思路，逆向思考，则可能将劣势转化为优势，甚至该内容还会成为你赖以竞争突围、开疆拓土的锐利武器之一。

9.5 底牌留到最后，不要轻易暴露底线

向客户介绍产品时一定要有层次、分步骤，由浅及深、循序渐进，把最主要的话留到关键时刻说。好钢用在刀刃上，什么时候该说什么话要做到心里有数，然而，有的销售人员与客户刚一见面，就亮出自己的底牌，导致在接下来的谈话中失去主动权。

案例 7

一位中年女士走进某服装店，店内有两个年轻漂亮的导购员。见有客户进来，其中一位高个子女孩小静走了过来："欢迎光临××服装店，您要买什么衣服？"

"我先看看"，这位女士轻轻地说，然后就在店里慢悠悠地逛，小静见客户没有主动购买的意愿，便走向前去一一介绍各项服务：

"小姐，我给您推荐一款吧，您看这边这款，是我们店新到的衣服，我给您介绍一下……"最后她强调，目前正在打九折。

"这么贵？"客户随即反问道，显然对"九折折扣"没有注意到。

小静："这已经是优惠价了。"

客户的话还没说完，小静又开始介绍这款服饰有哪些优点、特色以及目前的优惠活动等等，从头到尾滔滔不绝地讲解了一遍。

客户反问道："那也比别的衣服贵很多啊，既然有优惠活动，那这些优惠体现在哪儿呢？"

小静顿时哑口无言，支支吾吾说了半天："小姐，一分价钱一分货，您不能以价格来评判这些，这件衣服的确贵点，但是它的质量很好，您可以先试试。"说着就想让客户试一试。

客户转身走出这家店。

上述案例中，小静最大的失败之处在于过早地暴露了自己的折扣价，折扣作为一种促销手段，一定要最大限度地发挥它的作用。比如，客户强烈要求价格优惠的时候，或在双方僵持不下时等，在这些关键时刻适当地使用折扣，可以让对方感到优惠来之不易，从而使客户产生购买欲望。

例子中的小静，一开始就企图用"九折价格"来吸引客户，这是最失败之处。因为绝大部分客户都有砍价的习惯，似乎是只有经过一番讨价还价才会心安理得地去接受。其实，这是一种心理现象，产品的价格再低，如果不经过这样一个过程，也很难令他们满意。所以，小静一开始就主动说出衣服的折扣底线，无疑是堵上了自己的后路。换一种思路想想，如果小静先介绍衣服的优势，激发客户的购买兴趣，然后待对方提出价格异议之后再亮出"折扣价"这张牌，势必会更加打动人心。

同样的话，表达时机不同，效果也会截然不同，这就涉及推销技巧的问题。与客户交流谈判，不要轻易暴露自己的底线，可先谈论一些无关紧要的话题，或者次重点话题，激发客户购买兴趣，尽量促成交易。事关最终结果的话语一定要放在最关键的时候，以起到化被动为主动，一言定乾坤的作用。

在具体操作过程中，表达时机并不是固定不变的，而是随着谈判进程，以及当时的主、客观条件不断变化的。水无定势，兵无常形，对于那些高情商销售人员来讲还是有规律可循的，这些规律如图9-5所示。

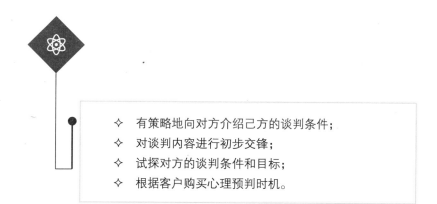

✧ 有策略地向对方介绍己方的谈判条件；
✧ 对谈判内容进行初步交锋；
✧ 试探对方的谈判条件和目标；
✧ 根据客户购买心理预判时机。

图9-5　亮底牌实际把握的要点

作为一名高情商销售人员，在展开正式交流前，必须摸清客户的购买心理。只有知道了客户的关注点集中在产品的哪一点上，才能在介绍时更有侧重性，才能在关键时刻一语中的，说服客户。

比如，你知道对方非常关注产品的价格，在谈论前期就要尽量避开这个话题，利用产品其他的有利条件去引导对方。当对方被产品的这些优势打动之后，再去谈价格，很多问题就会迎刃而解。

把最重要的话题留在关键时刻，但这个"关键时刻"如何来把握是非常重要的。推销毕竟讲究一个时效性，如果客户发现你始终无法围绕主题来谈，就会心生厌烦，遇到脾气急躁的客户可能会直接拒绝。

9.6　请直接告诉客户产品能带来的利益

客户关心的永远是利益，销售时应该把产品带来的利益直接告诉客户。著名营销大师科特勒曾说，"推销并不是以最精明的方式兜售自己的产品或服务，而是一门为客户真正创造价值的艺术。"这句话的核心是，客户最关心的是自己的利益，关心的是购买你的产品后能获得什么好处。

任何一个产品价值的体现，是能够帮助消费者解决实际问题。销售人员在推销产品时一定要着重强调产品所能带来的利益，这一规律是符合客户心理期望的。从这个角度看，一名优秀的销售人员所要做的，并不仅仅是将产品简单地推销出去，而是要让客户从产品中获得实实在在的利益。

**案例
8**

某航空公司的空姐正与一位客户会谈，目的是让该公司的人出差时能乘坐该公司的航班。她对客户说："我们会全程为您提供旅行服务，希望乘坐本次航班。"

但是仅仅这么一点是远远不够的，因为几乎任何航班都会有此服务。除此之外，还必须提供一些额外服务，以让客户觉得乘坐你的航班可以享受到更多的好处。

另一名空姐是这样对客户说的："我们的商务旅行服务很完善，您不用增加任何费用即可预先得到头等舱机票。另外您在订票后，一切旅行活动我们都会提前安排妥当；出租车招待、酒店住宿预订服务等等。"

显然，第二位空姐对服务能带来的"利益"描述的更到位，更容易打动客户，并且在详细阐述机票给客户带来的利益时，将该公司产品最独特、最核心的利益展现出来，立刻打动了客户。

推销任何产品或服务，目的就是为客户带来的一定的利益，销售人员的职责是把产品或服务转化为客户的利益。如向客户推销寿险，就要让对方坚信，购买保险可以为自己或家人提供安全保障；向客户推销电视，就要让对方看到，通过收看电视节目，可以消遣、娱乐和学习……只有让客户了解到你的产品能够给他们带来利益时，他们才会购买。

作为销售人员，一定要把产品能带给客户的最大利益体现出来，让客户感觉到购买得物超所值。因此，在推销时必须做到：了解客户需要什么，告诉客户你的产品能满足他们的需要，只有这样才能激发出对方的购买欲望。

那么，该如何来最大限度地体现产品的利益点呢？具体包括3点，如图9-6所示。

图9-6　最大限度地体现产品利益点的3个沟通点

（1）阐述清楚产品带给客户的利益

产品利益即购买产品之后客户能获得的好处，包括产品性能、质量带来的实惠，也包括品牌声誉带来的心理满足。

在产品介绍时，销售人员必须对产品有更全面、更深层的了解，也就是说，要真正从维护客户利益的角度去理解这些产品，做到真正围绕客户利益展开。

（2）结合客户实际需求

产品的特性与优势再多，若不是客户所需要的，都算不上是"利益"，也意味着不能得到每位客户的认可，毕竟每位客户都有不同的购买动机。因此，真正影响客户购买决定的因素绝对不是产品的优势和特性，而是客户的需求。

反之，若能发掘客户的特殊需求，找出产品的特性及优势来满足客户的特定需求或解决客户的特定问题，这个"特性"就有无穷的价值，这也是销售人员存

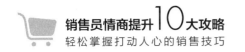

在的价值。因此，推销过程中，最关键的就是了解客户想要什么，跟着客户的需求走。客户有什么样的需求，就重点介绍相对应的产品优势。

比如，有的客户重视产品的实用性，有的重视其安全性，有的重视美观性。如果客户没有这方面的需求，产品的任何优势对客户来讲都是毫无意义的。

（3）将产品优势转化为看得见的利益

优势、利益对客户而言具有重大意义，但是，产品的优势与利益两者存在着本质上的区别，优势并不等于利益。因此，在实际推销中需要将产品所具有的优势，结合客户需求，转化为实际利益。将"优势"转化为"利益"的步骤有6个。

① 从事实调查中发掘客户的特定需求。

② 运用询问及倾听技巧发掘客户的特定需求。

③ 介绍产品的特性（说明产品的特点）。

④ 介绍产品的优势（说明功能及优势）。

⑤ 介绍产品的利益（能满足客户的基本需求）。

⑥ 体现产品的独特性（能满足客户的独特需求）。

无论介绍产品还是介绍服务，销售人员都不能只介绍它们是什么，而要介绍能给客户带来什么。要用利益打动客户，因为客户不是因为产品本身而购买，而是因为能带来的更多利益而购买。

9.7 引导客户参与，给客户最直观的感受

心理专家研究发现：人在倾听时的注意力呈水纹状波动，而且每隔5～7分钟就会有所放松。这个规律告诉我们，要想使听者的注意力始终保持在高度集中的状态，每隔几分钟就要进行相应的刺激，制造一些兴奋点，以此来调动倾听者的激情。

可见，在谈话时保持客户注意力的高度集中是多么重要，否则，你们的谈话效果很可能付诸东流。如何使客户保持注意力，最好的方法是让他们充分参与到谈话中来，比如，活动游戏，做做演示，引导客户亲自参与等等，总之要给客户最直观的感受。

我们先来看一个例子：

案例
9

  斯坦巴克是美国某安全玻璃生产企业的推销员，他的业绩在该公司长期名列前茅。在一次颁奖大会上，主持人说："斯坦巴克先生，你用什么方法让你的业绩始终如此好呢？"

  斯坦巴克说："我的皮箱里面总要放两样东西，一小截玻璃和一把铁锤子。推销中，当客户对玻璃有所质疑时，我就拿锤子去砸玻璃。这时候很多客户都会为我的举动而吃惊，同时他们会发现玻璃不会碎裂。

  这时候我就可以大胆地问他们：'您想买多少？'整个过程有时候还不到一分钟。"

  当斯坦巴克讲完这个故事不久，几乎所有销售安全玻璃公司的销售人员出去拜访客户的时候，都会随身携带安全玻璃样品以及一把小锤子。

  此次大会之后，很多销售人员纷纷仿效他拿着锤子去砸玻璃，业绩虽然有所回升，但是仍然无法超越斯坦巴克。很多人又不解，难道他还有什么法宝，于是又有人问："我们现在都在效仿你，为什么你的业绩仍然保持第一呢？"

  斯坦巴克笑了笑，说道："原因很简单，我把锤子交给了客户。"

  斯坦巴克成功之处在于，通过破坏试验让客户参与到谈话中来，以这种特殊的互动方式来吸引客户更多的注意力。说起来很简单，但就是这样一个简单的技巧对于很多销售人员却很难做到。

  那么，如何引导客户充分参与谈话呢？可尝试以下3种方法，如图9-7所示。

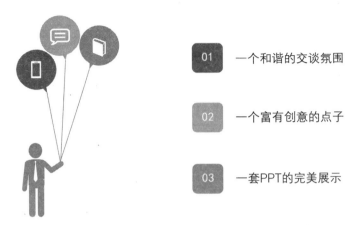

图9-7　引导客户参与谈话的3种方法

01　一个和谐的交谈氛围

02　一个富有创意的点子

03　一套PPT的完美展示

（1）一个和谐的交谈氛围

由于陌生带来的拘谨，不少客户不会轻而易举地接受你的授意，更不会轻易地亲自动手去做，所以，销售人员应先为客户热热身，为他们营造一个和谐的谈话氛围，然后逐步引导对方去体验。曾经看到不少销售人员在推销产品时，一个劲地让客户"试一试""体验体验"，看似是好意，但由于客户内心警惕之心很高，往往会拒绝你的好意。

（2）一个富有创意的点子

在向客户推销之前，如何让客户在最短的时间内参与到其中来，需要事先确定一个沟通方案。其基本要求是，要能够最大限度地激发客户的好奇心，使之产生购买兴趣；或者改变对方原有的想法，认为你是对的。

完美方案的形成必须有创意点，这个点子是方案完美的基点。值得一提的是，你的创意很重要，当你说这个点子的时候要瞬间能抓住客户的心，否则，后面的一切推销将失去意义。

（3）一套PPT的完美展示

推销首先要让客户看到产品与众不同的地方，这就需要PPT完美展示，有血有肉，声情并茂。然而，大多数销售人员却是在为客户做思想工作。

客户购买的是需求，势必希望在第一时间对产品有个明确的了解。而且，随着对产品的认可，客户对你的态度也会慢慢转变。比如，你推销的是机械设备，可以先把产品资料做成PPT，送到客户的手中，让他多看多感受，客户也会有自己的感触。当客户看后讲话时，你便有了更多的推销机会，从而避免自己唱独角戏。

只有直观的体验，才能让客户对产品有个更深入的了解，给其内心带来更强烈的冲击力。给客户最直观的心理感受，比说一千句话还管用。营造气氛，创造情景，让客户亲身体验，或者通过特定肢体动作向客户展示，有利于客户更好地了解产品的特性或优点。

9.8 实例引导，用成功实例来增加信赖感

如果你经常听课、听演讲会就有这样的体会：听故事比听高深的理论更有趣，更容易受到启发、学到知识。这是因为故事所传递的信息要远远高于其他方式，也更容易引起情感上的共鸣。

心理学研究发现，故事对人右脑刺激比较强烈，当你听别人讲故事时右脑会立刻兴奋起来，对摄取到的信息进行分析、判断，然后去筛选一些对自己比较重要的信息，以此来判断它是否有用。在推销产品时单纯的介绍难免会使谈话显得过于枯燥无味，容易引起客户的反感。如果适时地掺入一些小故事或者成功的案例，一定程度上可以增加谈话的趣味性和说服力。

越来越多的销售人员意识到，运用"成功案例"来说服客户是一种非常有效的方法。

案例
10

一位保险理财员小孙，在向客户推销产品时总是喜欢摆事实："我的一位老客户是理财能手，从事股票、基金交易十多年。即使在股市持续下跌的行情中，他的收益也没出现大幅下滑。他将大部分资金用来投资保险，买了我们的红双喜。"

客户说："那人家毕竟是专业的理财手，我们都是普通老百姓，不指望以此来赚多少钱。"

"您说的有道理，保险在取得一定盈利的同时，最重要的还是为我们的未来提供保障。红双喜是一种非常稳妥的理财产品，适合于任何

人。同样，我有一位与您年龄相仿的客户，年初刚有的儿子，他一心想为儿子准备一份礼物，经过精心挑选还是选择了我们红双喜，作为孩子以后的教育基金。"

客户点点头，他似乎认可了小孙的说法，"那你详细说说，这款保险的具体功能。"

经过进一步的交谈对方终于答应购买。

在短短的对话中，小孙连续运用了两个案例，瞬间改变了客户对保险的排斥态度，激起了对方进一步的了解欲望。列举实例，远远胜过讲一大堆道理，销售人员在与客户交流时要多准备几个案例，根据谈话的需要随时运用。

除此之外，高情商销售人员还需要具备讲故事的能力。很多人在日常生活中非常会讲故事，但是在工作时就弱得多，销售人员首先要培养自己讲故事的能力。不过，在选择故事素材时一定要谨慎，要符合销售的原则，如图9-8所示。

图9-8　销售故事的3个选材原则

（1）真实性

案例的运用，最基本的一条原则是真实性，必须是自身实践的总结，不能虚构，更不能任意夸大。然而，有很多销售人员信口雌黄，虚构情节，肆意夸大。名为增加说服力，实际上是在对客户撒谎，这样如何能取信于客户？

可能会有人反问，客户怎么能辨别出真假呢？正所谓"说者无心，听者有意"，当你说出公司或客户的名字时对方会留意这些信息，如果对方对你的产品比较认可，势必会加以求证，到那时谎言会不攻自破。

（2）代表性

在你的推销生涯中，也许有很多成功时刻，但这些不一定都适合讲出来。这需要销售人员平时多思考、多总结，精选一些经典、有代表性的案例。比如，大家都熟悉的企业或个人；对产品做过重要评价或褒扬的客户；与客户有业务往来的友好企业、合作伙伴等等。

（3）指导性

能让客户产生购买的欲望，这才是案例说服的目的，因此，所选案例一定要有启发性、鼓动性，让对方听了你的讲述之后有所触动。同时，销售人员在向客户讲述实例的时候，要本着能够打消客户忧虑，为客户购买找到更多心理支撑的原则去选。

真实的案例、故事能最大限度地激起讲述者和听众的情感共鸣，而且能使双方保持一种良性的互动，故事讲完了之后这种联系仍然会持续。此时优秀销售人员和普通销售人员的区别就出来了，优秀的销售人员仍然可以继续保持这种联系，而普通销售人员则无法做到这一点。

运用成功事例介绍产品，可以起到事半功倍的效果。但在具体运用时要注意方法，比如，不要一上来就开始讲故事，而是要先揣摩客户的想法，了解对方的兴趣爱好、购买习惯、购买能力等等，之后，才根据客户实际情况进行有针对性地选择。

第 10 章

提高解决问题的能力，
真正化解客户
内心的拒绝

客户的拒绝是客观存在的，没有任何一个客户能够不假思索地
购买东西。拒绝不可怕，关键是销售人员如何来解决。很多拒绝都
是"纸老虎"，看似强大实则不堪一击，一旦找到其要害，抓住其
要点就能轻易化解。本章重点围绕客户的拒绝阐述，根据常见拒绝
的类型，通过心态调整、原因分析、需求挖掘，最终找到解决
方法。

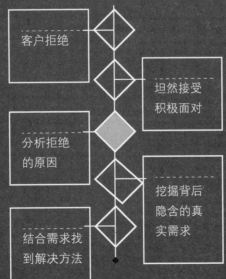

10.1　拒绝是种常态，坦然接受这一事实

销售从拒绝开始！只要从事销售行业，每个销售人员都会遭受客户的拒绝，而且，在未来的每一天也势必会遭受到更多的拒绝。那么，客户为什么会拒绝推销呢？从心理上讲，这是人在接触陌生人或新鲜事物时的一种自我保护心理。

拒绝是销售过程中普遍存在的一个事实。对销售人员来讲，必须坦然接受，并积极面对。事实不可改变，我们只能改变态度。改变对"拒绝"的态度就可以获得成功的机会，不改变则会陷入失败的死循环。

王冰从事钢铁贸易行业，每天需要面对的都是身价几千万、几亿的老板，而这些老板是最难相处的，有时，多次拜访也见不到一个人影。但他会不断地调整自己，直到取得最后的成功。

有一次，他与某大型钢铁企业谈成了一笔生意，但是需要业务部的主任签字，所以，他想请该主任一起就餐。第一次，王冰提前一天安排好就餐事宜，并提前来到酒店等候客户的到来。谁知这位主任在就餐时间过了半小时后才打电话给他，说临时有一个重要会议参加，不能前来。

王冰意识到这显然是一个借口，他没有灰心，安排了第二次见面。这次他选择了一个更高档的酒店，但到了约定的时间那位主任依然没到。"找人办事总是很难嘛"，王冰安慰着自己，于是又想安排第三次见面。他想这次即便客户还不到，最起码也要显示出自己的诚意。

于是，他第三次拨通了客户的电话，仍然诚心诚意地邀请对方就餐，这次终于感动了客户，客户如期赴约。

心理学认为，一个人在面对陌生人或事物时都会心存疑虑。客户购买产品时大多也持有这样的心理，因此即便是自己需要的，有时候也因为某些原因表示拒绝。其实，很多时候，客户的拒绝表示了一种心理暗示："我不相信你，我不信任你。"遇到这种情况，作为销售人员不便于直接去反驳，而是要根据特定的情景，旁敲侧击，从侧面入手，帮助客户消除内心的忧虑。

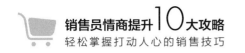

然而，在对待拒绝的态度上，有的人积极，有的人消极。积极应对的人很容易扭转不利的局面，化被动为主动，而消极低沉的人必定走向失败。所以说，拒绝并不可怕，可怕的是没有一个正确的态度来面对。销售人员要学会用积极的心态去面对一切拒绝，坦然接受事实，认真分析客户为什么会拒绝，拒绝的原因在哪，该如何去应对等。

那么，在遭到客户的拒绝之后，销售人员应该做好哪些准备呢？具体如图10-1所示。

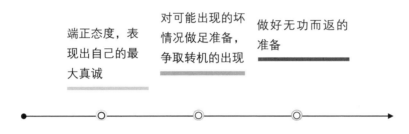

图10-1　遭到客户的拒绝后的3个准备

（1）端正态度，表现出自己的最大真诚

销售人员在拜访客户前，就应该准备好遭到拒绝，以及遭到拒绝之后应该怎么办。免得一旦被拒绝，没有足够的准备，神情慌张，语无伦次，无法应对。遭到拒绝后，销售人员不要急于反驳，只需保持内心的平静，表现出最大的真诚去感化对方。

（2）对可能出现的坏情况做足准备，争取转机的出现

客户拒绝时，通常会寻找各种各样的理由，如"没时间""价格贵""没需求"等。这些借口当中也许有些是事实，但绝大部分不是真实的想法。此时，销售人员唯一需要做的就是进一步挖掘对方的心理，找到他们真实的想法。

在对客户的拒绝心理有了一定了解之后，就需要提前制订相应的对策。值得一提的是，这是最关键的一步，否则，之前的一切分析都将是无用功。那么，如何来制订对策呢？可以按照以下5个步骤进行。

① 集思广益，发动同事朋友，让大家一起说出所遇到的反对理由，然后确定所有可能出现的情况。

② 将各种拒绝理由写下来，分类总结，即使是同样的反对理由，因说法不同采取的策略也应不同。

③ 为每一个拒绝的理由，拟好一个应对方案。

④ 确定有效的回答方式以及技巧，比如，使用感谢信、证明文件、获奖证书、奖杯照片等能够加强说服力的工具。

⑤ 分成几个小组，角色扮演，演练情景。

（3）做好无功而返的准备

在长期的推销实践中，我总结出了这样的原则——"50·15·1"，意思是每50个拜访的客户中，只有15个愿意与你交谈，而这15个人里只有1个人愿意买你的产品。试想如果没有坚持不懈的精神，何来客户的积累，没有客户的积累，何来良好的业绩？凡是成功的销售人员，必定是在经历了无数次拒绝后才争取到的。如果每次被拒绝就都放弃，终将一事无成。

有很多销售人员很害怕被拒绝，其实大可不必如此，可以换个角度去考虑整个问题。做销售，最终目的是为了将产品推销出去，前提是客户有需要，为客户提供利益和价值。被拒绝，也有可能是客户的确不需要，不需要当然有拒绝的权利；如果需要却不愿购买，那就正好利用这个机会了解其不买的原因，这对后期的销售也是非常有利的。

根据经验总结发现，客户的绝大多数"拒绝"并非是真正没有需求，而是内心自我保护意识的体现，或者说是一种条件反射。因此，向客户推销产品时被拒绝是不可避免的，只要能突破他们这层防范之网，即可戳破他们的"谎言"。只要准备足够充分，懂得沟通技巧，很多时候都可化险为夷，出现新的转机。

10.2　客户不想购买时，会以何种理由拒绝？

客户在对产品有了初步的了解之后，往往会以各种理由提出质疑，甚至提出一些过分的要求。作为销售人员要明确客户购买前的心理，客户不是对产品了解不够，相反是有足够的了解，他们之所以如此做，是想以此获取更多的额外利益。比如，客户提出价格过高，排除价格真的很高之外，无外乎有两个目的，一是要求降低价格；二是获得额外加成。

以此类推，只要确定对方提出的质疑只是一个借口，就需要考虑对方内心的真实想法了。

遇到这种情况，销售人员的正确做法是，及时了解客户当时的心理状态，提出解决方案，破解他们的心理诡计。

下面我们就来简列几种常见的拒绝理由：

理由1：没需求

    客户能否购买你推销的产品受多种因素影响，在推销的初级阶段，谁也无法确定客户是否真有需求。客户没有购买需求，自然会拒绝购买，然而这绝大部分都是借口。所以，当客户对你说他们"没需求"时，销售人员暂时不要急于自我否定，要创造机会，探索对方内心要表达的实情，让对方把感受说出来。

    小王是一名空调销售人员，遇到这种情况他总能够想办法让客户改变最初的想法。

    市里新开发了一个住宅区，这里的住户家境都非常不错，小王连续接了好几个订单，他断定一定还有很多潜在客户。于是，他决定一一上门拜访，在拜访过程中他认识了一位客户：张先生，家里其实正计划安装空调，可对方一再表示不需要，并直接将小王拦在了门外。

    小王自然不会轻易放弃，凭着他多年的经验，这是陌生人一种本能的拒绝。

    小王再次敲开门直接说："先生，冒昧地问一下，您是暂时没有安装的想法，还是已经有了其他购买计划。"

    "我希望有时间自己去商场看看。"

    "我明白了，您是对我们不信任吧。"

    "上门推销的有几个靠谱的。"

    "如果我们的产品更有优势呢？"

    "有什么优势？"

    这时，里屋传来一阵女声："既然那么好，就进屋说吧。"

    小王趁机进屋，待坐下之后，就向对方详细地介绍起来，由于小王已经把所有的优势都讲解清楚，对方也就接受了。最后客户说："那就在客厅，卧室各装一台吧"。

    就这样，小王又做成了一单生意。

    小王是一个非常善于变通的销售人员，正是他这种灵活助他成功取得了订单，他在遭到客户的拒绝之后，善于激发客户的潜在需求。在推销中，如果你能成功激发出客户的需求，那就成功了一半，正如管理大师德鲁克认为："与发现、满足客户的需求相比，创造需求更加重要。"

与客户打交道，最重要的工作就是积极引导，激发和创造客户的需求。因为80%以上的客户在购买前并没有明确需求，即使有也不会主动说出来。所以，作为一个销售人员要让客户的需求从潜在的状态变得明确起来，这是必须掌握的一项技能，也是考验你作为一个销售人员是否有智慧、有能力。

理由2：没钱

"我没钱""我买不起""我没预算""你的产品很好，就算想买现在也没有钱"，在销售中，销售人员总会听到客户说类似的话语。

一般来说，客户的购买能力是客观存在的，有就是有，没有就是没有，好像与销售人员的努力没有关系。所以，当客户说："不好意思，我现在没有钱买"时，或许客户真的没有购买能力。大多数销售人员听了这话就泄气了，没有钱不是白费口舌吗？

凡是有经验的销售人员，不怕客户说"没钱"，因为他们知道，客户所说的"没钱"是极有弹性的，只要愿意买，钱的问题并不是没有办法解决的。一般而言，客户用"没钱"作为拒绝理由分两种情况：一种是确实没有钱，经济比较紧张；另一种是有钱，只是推托之辞。那么如何应对这两种情况呢？

（1）的确没钱

一个人如果实在没钱，就算你销售水平再高，再挖空心思，可能也没有办法成交。如果真是这个原因，我们恐怕就要放弃了，因为客户可能是真的没有能力购买。

（2）只是推托之辞

但若客户口袋里有钱，只是以"没钱"为借口推托，可采用心理战术，不妨用以下方式回复，具体如图10-2所示。

① 提出化"没钱"为"有钱"的解决方案——"这点不必担心，现在有银行信用贷款，非常便利、轻松，或者可以办理

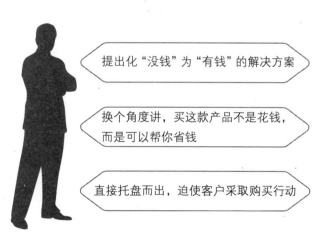

提出化"没钱"为"有钱"的解决方案

换个角度讲，买这款产品不是花钱，而是可以帮你省钱

直接托盘而出，迫使客户采取购买行动

图10-2　销售人员破解"没钱"客户的绝招

分期付款，每月只要付一点点钱即可"。

② 换个角度讲，买这款产品不是花钱，而是可以帮你省钱——"所以，我给您推荐这种产品，可以为您省很多钱。""只要每天省下一杯咖啡或一包烟的花费，就足以支付这部分钱，而拥有这款产品带来的利益远远大于这点付出。"

③ 直接托盘而出，迫使客户采取购买行动（注意表达方式和语气）——"哎呀，别开玩笑了，我不相信您每月抽不出这么一点点钱。"

以上3种应对方式都是针对客户以没钱为由而拒绝的回复。如果客户认同产品带给他的利益，"没钱"这一拒绝理由自然而然不会再成为托词或借口。

如果你推销的产品确实让客户感到"物超所值"，确实能够解决客户的实际问题，一般个人或私人机构是否有钱或是否有预算将不是最重要的问题。因此，销售人员遇到客户以"我没钱"作为拒绝说辞时，不要一下就被这种借口击退。

理由3：产品质量差

前面我们谈到，质量关是产品的第一大关，不但影响着市场效益，还直接关乎客户的切身利益。正因为质量问题如此重要，客户常以产品存在质量问题而拒绝销售人员推销的现象也极为普遍。

案例 3

　　某销售人员向客户推销一款软件，对方连听也没听就急忙拒绝："软件，软件，管用吗？毕竟是机器，最好用的还是自己的大脑"。

　　他的话令这位销售人员丈二和尚摸不着头脑，经过进一步的沟通才了解到：原来，他曾经有过几次购买软件的失败经历，使用效果都不是特别好，从此以后就对所有软件产生了反感情绪，致使一听到是推销软件的就干脆拒绝了。

　　了解到这种情况之后，该销售人员并没有直接去推销，而是谈起了曾经那些失败的经历，并帮他分析其中的利弊，说明有很多问题都是人为操作的失误。再加上精确演示，重新激发起他对软件的信任。

　　很多时候，客户对产品质量的异议并不是产品本身的问题，而是一种误解。作为销售人员要深入了解，帮客户分析原因，找到症结所在。

　　这并不是说，我们可以把客户的异议都当作借口，毕竟，人言可畏，若客户对产品质量存有异议，很可能一传十，十传百，客户的任何不满都可能决定了该产品能否被认可和接受。

　　所以，当客户提出质量方面的异议时，无论是否属实，销售人员都要认真对待，引起足够的重视，以尽快打消对方的想法。

理由4：没时间

　　推销时，很多客户会不耐烦地说"对不起，我很忙""我现在没时间""我没空"，有时候本已预约好的，对方也会以这种理由再三拒绝，"真对不起，我实在抽不开身"，这些托词看似很客气，实则就是隐形的拒绝。

　　客户："我这段时间比较忙，没有时间。"

　　销售人员："林先生，我知道您非常忙，这样吧，明天中午我们共进午餐，利用午饭时间把合同续签了怎么样？"

　　客户："明天中午恐怕不行。"

　　销售人员："那您什么时间方便呢？如果太忙无法外出，我就带资料亲自上门拜访。"

　　客户："谢谢，我最近几天都忙，改天再说吧。"

　　销售人员："林先生，您工作繁忙我特别能理解，所以也不想耽误您太多的时间，请允许我占用几分钟的时间简单介绍一下。我们公司正在免费发放一些关于技术方面的资料，相信对您一定有所帮助的。您看，我们约在上午还是下午？"

　　客户："既然这样，你就上午10点之前过来吧。"

　　销售人员："好的，那回头见。"

　　就这样，这位销售人员成功预约这位"忙碌"的客户，暂且不论对方是否真忙，但就凭这位销售人员的说辞，即使客户真的有事外出，也必然会抽出几分钟的时间来接待。主要原因有以下两个：

　　第一，直接表明自己的时间概念，不会耽误客户太多时间。

第二，摆出了会见能带来的利益。

理由5：拿不定主意

很多时候，销售人员详细介绍产品后，客户却会轻描淡写地说一句"我需要再考虑一下""让我再想一想"等诸如此类的话，拒绝购买。当客户以这些理由为托词时，这时销售人员可按照以下3步应对，如图10-3所示。

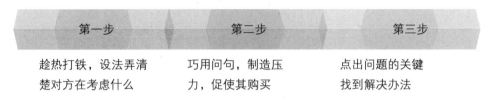

第一步	第二步	第三步
趁热打铁，设法弄清楚对方在考虑什么	巧用问句，制造压力，促使其购买	点出问题的关键找到解决办法

图10-3　破解犹豫型客户的3步骤

（1）趁热打铁，设法弄清楚对方在考虑什么

当客户听完销售人员对产品的介绍后，表示想要考虑一下，或者要求销售人员下次再来时，很多销售人员会直接对客户说："好的，您先考虑考虑，有需要请及时给我打电话。"这样是不恰当的，其实这时应该紧追不放，继续交流下去，设法弄清楚客户的考虑点是什么，在哪里，并且提醒对方，自己必须留下来共同决定。

（2）巧用问句，制造压力，促使其购买

在对客户紧追不舍的同时，可以采用不断询问的方法，逐步去挖掘其内心需求，最好能提出有针对性的解决方法，促使其马上采取购买行动。

如可以这样问："先生，您说您要考虑一下，说明您对我们的产品还是有兴趣的，对吗？"这样询问既给客户留出了充足的反应时间，又会为下一句对话起到很大的辅助作用。

一般来讲客户都会说："是的，我们确实有兴趣，我们会考虑一下的。"

接下来，我们应该对这句话进一步确认，暗示客户要真的会考虑："先生，既然您真的有兴趣，那您一定会认真地考虑是吧？"值得注意的是，"考虑"二字一定要缓缓地说出口，并且要以强调的语气说出来。

然后，可以举出一些例子，分析这样做的好处。最后，你可以把问题转向其他地方："先生，您是不是还有其他顾虑，比如钱的问题呢？"如果对方确定真

的是钱的问题之后，你已经打破了"我会考虑一下"的定律。但若客户不确定是否真的要购买产品，那就不要急着在金钱的问题上去结束这次交易。

（3）点出问题的关键，找到解决办法

我们常常说："趁热打铁"，做销售也是如此。如果客户说出"我要考虑一下"，销售人员应该在反对意见刚萌生之际立即采取行动，一定不要将话头打住，否则待其滋长下去，对方购买欲会越来越淡，生意就做不成了。

这时可以进行以下对话：

销售人员："实在对不起。"客户："怎么了？"

销售人员："请原谅我没跟您说清楚，让您有不明白的地方了，能把您的顾虑说出来吗？"

这样，既显得销售人员认真、诚恳，又可以把话头接下去，使客户愿意看看样品。

销售人员还可以直接跟客户说："要不您先看看样品，看完之后您再决定。本产品的特别之处就是……"这就是在进一步激发客户的购买欲，一步一步引导客户购买。

任何一个成功的推销都会伴随着客户的拒绝，面对拒绝不要害怕。只要站在客户的立场，与客户一起讨论问题，探讨共同解决方案，就会把最终的胜利掌握在自己手中。

10.3 ## 客户说"不"，注意以下3个原因

销售人员在向客户推销产品时，会遭到各种各样的拒绝。但是，对销售人员来讲，绝不能盲目地、被动地相信这些，而是要想办法化被动为主动，把客户的拒绝理由转化为购买意愿。这就需要销售人员准确地把握客户当时的心理，明确客户在拒绝时怀着什么样的心态，动机是什么，想要达到什么目的。明确了这些，你就可以掌握进一步谈话的主动权，让客户的思维跟着你的节奏进行。

客户的绝大部分拒绝理由都有客观依据，当他们提出拒绝理由时，销售人员必须耐心倾听，冷静地分析判断，找出成功化解的方法。

销售人员每天要面对很多拒绝，那么客户为什么要拒绝呢？经过认真分析和总结，常见的有3个原因，如图10-4所示。

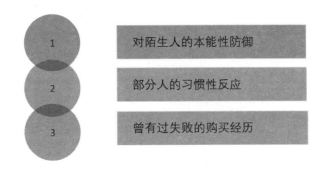

1	对陌生人的本能性防御
2	部分人的习惯性反应
3	曾有过失败的购买经历

图10-4 客户拒绝推销的3个根本原因

（1）对陌生人的本能性防御

想必很多销售人员都遇到过还没开始推销就被拒之门外的经历，或者无缘无故被客户拒绝，甚至遭受辱骂、奚落。客户为什么一见到推销就会拒绝？后来我才慢慢地有所体会，其实，任何人在接受陌生人的推销时都会有不同程度的抵触。大部分客户属于这种情况，如果你能站在客户的角度来想问题就会明白。客户之所以拒绝你的推销，完全出于一种自然防范的心理，而且这种防范是人的天性，是一种下意识的"自我保护惯性反应"。

从心理学角度分析，有这种心理的根源在于长期与推销员打交道的过程中，形成的一种固有的"经验"，这种"经验"对作出判断是如此的深刻，以至于好像都不需考虑，只要发现是销售电话，尤其是在电话刚刚接通的开场阶段，本能地先拒绝了再说。

当客户有防范心理时，他们的内心是紧闭的，对你说的每一句话都有本能地排斥。面对客户这类拒绝，关键是想办法突破他们的心理关，只要能突破他们的这道防线，自然会被信任、被接受。

销售人员不应埋怨客户，而是要学会一点心理学，从心理方面获得突破点。本能的拒绝完全是由于不熟悉、不了解而带来的，最有效的应对策略是消除陌生感，尽快与客户熟悉起来，达到这个目的需要在态度上和行为上都有所改变。

（2）部分人的习惯性反应

拒绝心理通常发生在那些没有主见，缺乏独立分析能力的客户身上，他们的拒绝往往缺乏事实依据，全靠自己"想当然的以为"或者"道听途说"，不会经过大脑认真的分析、思考。

这类客户非常固执，如果认为你的产品不够好就会油盐不进，充耳不闻。

导购员："您好，小姐，这是××品牌今年最流行的一款衣服，非常适合您这个年龄段的女孩。"

　　客户："××品牌？我听朋友说这个牌子不太好。"

　　导购员："我们店开业五六年以来一直在经营这个牌子，客户反应非常不错。"

　　客户："这是老牌子吗？"

　　导购员："看来小姐不太了解，今天刚好有这个机会了解一下，您看这款长裙，上乘的面料，新颖的款式，独特的设计，这都是其他服饰很难体现的。"

　　客户："多少钱？"

　　导购员："小姐第一次光临，那我就给您一个优惠价，800元。"

　　客户："在我的印象里，这款衣服价格好像低很多。"

　　导购员："您说的是其他牌子吧，款式相似，品牌不同的市场上有很多，而且即使是同一个品牌的服饰，价格也会略有不等。"

　　客户："是吗？我觉得你们这个产品还是有问题，比起××、YY品牌来都差远了。"

　　说着就走出了商店，根本不再听导购员的解释。

　　现实生活中，像例子中这样的客户非常多，他们的拒绝主观意愿十分浓厚，基本上没有任何理由。其实，仔细分析一下，这些拒绝理由完全是无中生有，可能连他们自己也不知道在说什么。因为他们并不是对产品不认可，而是属于自己的主观判断，缺乏客观依据，带有很大的感情色彩。

　　这类客户在拒绝你的时候有一个明显的特征，总爱说"我以为""我听说"等口头禅，比如，他们常常会说：

　　"我很讨厌这种造型！"

　　"听朋友说过，他去年买这种产品非常不好用。"

　　"昨天晚上我做了梦，今天我最好什么东西都别买，以免上当。"

　　"我知道，你们这类产品都是金玉其外、败絮其中，我可不会轻易上当。"

遇到这样的客户，销售人员先要给客户认真分析，用事实让他们认识到自己的错误。

（3）曾有过失败的购买经历

还有一类客户拒绝接受推销是与自己的失败经历有关，比如，曾经被骗或者有过不愉快的合作经历。与前两种类型客户相比，这类客户提出的拒绝往往是有事实依据的。销售人员此时需要特别提醒自己：眼前的客户是非常理智的，很可能对自己所推销的产品相当了解。

所谓"一朝被蛇咬，十年怕井绳"，当客户有过失败的经历时，会对所有的推销员，以及同类产品存有一个较坏的印象。这种印象会深深地刻在对方的脑海里，这时，当我们去推销时，对方内心处于高度戒备状态，任凭怎么介绍，也很难再次接受。

案例 6

销售人员："唐先生，您是否可以给我一点时间，允许我为您推荐一款人寿保险呢？"

客户："我再也不相信你们保险员说的话了。"

销售人员一愣，似乎意识到对方可能有什么苦衷："您对我有什么不满，请直言？"

客户："好了，我现在什么也不想说，你还是走吧。"

销售人员："遇到什么麻烦说出来可能会有更好的解决办法。"

客户："保险公司培训出的都是一个模样的人，油腔滑调，耍嘴皮子！一套一套的，嘴巴甜得要命，都是假的。"

客户："我猜您一定是被人骗了。"

客户："我曾被一个保险推销员给蒙骗了，有时候想想，其实任何保险都没有像你们说得那么好。"

销售人员："这到底是怎么回事？"

在这位销售人员的劝解之下，客户终于说出了真相，原来他曾经投保了一家骗子公司，不但没有得到应有的保费，而且连本带利都搭进去了。

例子中这位客户迟迟不肯接受推销，显然是仍没走出以往失败经历的阴影，以至于缺乏足够的信心去正视现实。针对这类客户，销售人员要表达自己的同情之心，理解客户的遭遇，首先在情感上建立共鸣；然后深入交流，帮助客户解决遇到的问题，进一步打开客户的心扉。

10.4 把握主动，看透拒绝背后隐藏的内容

销售人员在推销产品时会遭到客户各种各样的异议。但是，对销售人员来讲，绝不能盲目地、被动地相信，而是要想办法化被动为主动，把客户的异议转化为购买意愿。这就需要销售人员准确地把握客户当时的心理，明确客户在拒绝时怀着什么样的心态，动机是什么，想要达到什么目的。明确了这些，你就可以掌握进一步谈话的主动权，让客户的思维跟着你的节奏进行。

客户的绝大部分拒绝理由都有客观依据，当他们提出拒绝理由时，销售人员必须耐心倾听，冷静地分析判断，找出成功化解的方法。

案例
7

　　林霞是名医疗设备的推销员，曾遇到一个非常粗鲁、刻薄的客户。她每次要求拜访的时候，对方都会对她咆哮着说："我很忙，不要浪费我的时间了""下次再谈吧"。有一天，这位推销员又一次拨通了客户的电话。

　　林霞："陈教授，我是上周日给你打电话的小林，还记得吗？"

　　客户："我不是说过了，关于订购机器设备的事，我们下次再谈。"

　　林霞："是，我完全理解，你非常忙，而且订购一台价值几百万的机器设备也不是一件小事。这次打电话的目的主要是有件小事与您商量一下，这周三我们公司的新产品发布会，想邀请您参加……"

　　客户："我没兴趣参加！"

　　林霞："我非常理解，陈教授，但是您作为这一领域的权威专家，能够邀请到您是我们公司极大的荣誉。同时您还可以通过这个机会了解更多、更新的医学研究动态，完善您的医学理论，丰富您的实践。"

　　客户："客气客气了，听您这么一说我真有必要随您走一趟了。"

　　就这样，林霞抓住了客户的内心需求，接下来的谈话越来越愉快。

  当推销员被拒绝后，又转而取得成功，关键原因就在于，她谈话时准确把握了客户的心理。如果听到客户的拒绝之后，就不假思索地把自己的联系方式留给对方，对方就会以"下次再谈"拒绝。这表明客户一方面想对你的产品有所了解，另一方面又认为你的电话无足轻重。因为，现在大多数销售人员并不能真实有效地为客户提供信息，对方这样回答的真实目的是想用更多的时间来考察你产品或者你的为人，只有对你以及所推销的产品有了足够的了解才有可能做决定。

  其实，在面对客户的拒绝时，都需要按照以下思路来进行：遭到拒绝——分析客户拒绝的心理动机——找到化解方法。下面我们就来分析一下几种常见的借口背后的动机，如表10-1所列。

表10-1　客户拒绝背后的心理动机

序号	借口	背后的动机
1	我没有时间	真的很忙，没有时间； 对产品不感兴趣； 产品有点贵，便宜点或许我会考虑
2	价格太贵了	想买，但想砍价，压低价格； 想买，但是价格超出了承受力； 不想购买，说价格高就是为了能脱身
3	我没有钱	确实没有那么多的钱； 对介绍的产品不感兴趣，不想购买； 节俭型的客户，一向不买贵的东西
4	要和家人商量一下	不想买又不好当面拒绝，找个借口； 没主见，需要家人参谋一下；
5	产品真有那么好吗	吹得那么好，我简直不敢相信； 心动了，可还是有些疑虑
6	从没听过这个产品或品牌	对不熟悉的产品或品牌有抗拒； 想购买，可是不知道品质怎么样； 第一次听说这个品牌，好奇
7	已经买过，或有其他类似产品	对产品没兴趣，不想买，找个借口； 太贵了，我买其他便宜点的牌子吧； 习惯了现在用的产品，不想换新的

  知道了客户拒绝的心理动机，就应该找办法去化解，那么如何来化解呢？这里有一些固定的话术可以参考，以护肤品为例，如表10-2所列。

表10-2　化解客户拒绝常用的话术

拒绝理由	化解话术
没时间	我知道像您这样的白领/成功人士肯定是很忙的，所以更应该注意健康和保养，否则会衰老得很快。如果您愿意抽点时间听我介绍一些养生美容的知识，相信一定会让您大有收获
价格贵	是的，刚接触这个品牌时，我也觉得贵，可是看着使用过的客户一个个脸上露出满意的笑容，我就觉得好产品不在价格贵不贵，而是能不能帮助客户解决问题，您说对吧？
我做不了主	您真幽默，您是一家之主，还不能做决定吗？
不相信产品	不如我先给您做个皮肤测试吧，看有没有过敏或不适再决定是否购买，好吗？
不相信公司	您看看我们的客户资料就知道了，如果没有效果我也不会有这么多的客户
没资金	没有钱买全套，可以买单品先试试呀
没听过这个品牌	有好多品牌我们也没有听过，但并不代表它们的效果不好，您说对吧
我习惯用××品牌	您用这个（其他品牌）产品多久了，效果怎么样？我还有一些试用品，您先试试，对比一下

客户拒绝的理由有很多，但无论哪一种，只要你耐心倾听，注意分析，总可以找到客户背后拒绝的真实原因。换位思考，如果你是被推荐者，会不会有同样的心态？或者在对方的坚持下，你对产品有了进一步了解之后，会不会改变原来的态度？这些都是非常浅显的道理。所以，一定要尊重、理解客户的拒绝，像聊家常一样，引导客户说出内心的真实想法，找到问题的症结所在，只有抓住了问题的根本，才能有针对性地进行化解。

10.5　客户异议常见的处理方法

处理办法1：冷处理

通常来讲，对于客户提出的问题、异议都要马上处理，给予回应。这样做一方面是销售人员的工作需要，另一方面还可以避免客户产生更大的不满，导致双方关系紧张；但有时候如果对方情绪过于激动，言辞过于激烈，就要换一种思路：冷处理。

案例 8

某销售人员在推销时遭到客户的拒绝：

客户："什么保健产品，都是骗人的，一年前我就吃过这亏。"

销售人员："您坐下来慢慢说，您什么时候购买过我们家的产品？"

"跟你们家的差不多，宣传的也都一样，当时我经不起那个推销员的百般劝说，就买了1000多元的保健品，他们口口声称能治疗腰肌劳损、坐骨神经痛，最后证明一点效果都没有。老实对你说吧，吃亏上当只有一次，我再也不会被你们的花言巧语蒙蔽了。"

推销人员："先生，您这是一朝被蛇咬，十年怕井绳啊，其实您说的这种情况的确很多，这是虚假宣传，盲目夸大功效，您说对吗？"

客户："对，就是瞎咧咧。"

推销人员："那您对我刚才的介绍感到哪些地方有夸大、虚假宣传的嫌疑，没关系，说出来我们分析分析，或者免费给您一些试用品，您试试再说。"

上述案例中这位客户主要属于"情感"方面的异议，由于曾经不愉快的经历而对这类产品产生了质疑。这种异议称为无效异议，或者说是非实质性异议，对销售结果没有决定性的影响。化解这种异议的最好方法是冷处理，把谈话从感情问题上引开，转向事实，令其摆脱在感情方面的过多纠结。

冷处理，顾名思义就是对客户的异议不予正面回应，暂时缓缓，甚至不予理会。这里的"冷处理"并不等于完全不处理，除极少部分可以不理会外，绝大部分异议只是暂缓。具体来讲，需要根据实际情况而定，如图10-5所示。

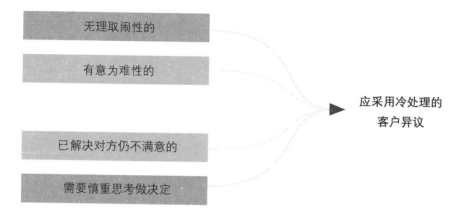

图10-5　应采用冷处理的客户异议

在运用冷处理法时，有一个注意事项需要引起每个销售人员的足够重视：这种方法处理客户异议的范围比较小，通常只适用于那些无关的、无效的、虚假的异议。所以，销售人员应专心、认真听取客户提出的所有异议，并对这些异议鉴别分析。

在与客户产生激烈的冲突时，不要立即着手解决，如果放一放，等对方平静之后再做处理效果会更好。低调处理，甚至不闻不问、不理会，都可以使对方冷静下来，产生良好的效果。

处理办法2：反问法

当客户对产品的某些方面感到不满意时，就会不断地向销售人员提出问题来表达。大部分销售人员在此情况下都会犯同一个错误：喋喋不休地向客户解释。结果，不但没有达到预期效果，反而会令客户不辞而别。因为，有时候客户并不是真的想要一个答案，而是希望你能帮助他说服自己，可是你却没能理解客户的真实意思，而是针对问题在不停地自圆其说，使客户越听越心烦意乱。所以，这时候销售人员不如用反问法，主动向客户提出几个问题，使其自己消除心中的顾虑，这样会更有助于客户下决心购买。

案例
9

客户："这款三星N9005怎么卖？"

销售人员："3800元。"

客户："你们这为什么这么贵？其他店要便宜300多呢？"

销售人员："您去的那家店是正规的三星手机专卖店吗？"

客户："那家店好像也有卖其他品牌的手机。"

销售人员："他们家店外面是不是还有人在摆摊回收旧手机的？"

客户："嗯，有，天天都坐在那回收。"

销售人员："那样店里的手机，您还敢买吗？万一是回收后的旧手机翻新的呢？"

客户："……，那你能保证你们家的手机就是正版新机吗？"

销售人员："这个您放心，我们这是正规的体验店，您现在看到的手机都是真机试用，如果您打算要买，我们就去库里给您提一台新的，那些都是未开封的，到时候会当着您的面打开，而且7天之内有任何问题都包退，3个月内包换，1年内包修。"

客户："价格还能再便宜些吗？"

销售人员："这个价格是全国统一的，不是我们自己定的价，您也可以去官网上查一下，要不我怎么敢跟您说，便宜300的手机未必是正版呢。"

客户："手机倒是不错，但就是有点贵。"

销售人员："这样吧，我跟领导申请一下，送您一个原装的充电宝、一对蓝牙音箱、一个自拍杆和一个保温杯怎么样，这些东西加起来也有二三百了。"

客户："行，那给我提一台吧。"

上述案例中，客户因为价格问题，而向销售人员提出了质疑。销售人员没有在能否便宜的问题上纠缠，而是通过反问的方式，让客户自己悟出"便宜没好货"的事实。但是为了能够让客户在心理上找到平衡，就主动提出赠送一些礼物，来弥补其中的差价，使客户高高兴兴地购买了该款手机。

采用反问的谈话方式可谓是一举多得，既可以让客户消除疑虑，又可以顺利地将产品销售出去，还不会使客户产生反感。但是，销售人员在运用反问法时也有些注意事项需要格外注意，具体如表10-3所示。

表10-3　运用反问法处理客户异议的注意事项

避重就轻	针对客户提出的关键问题进行回答，那些次要的、无效的异议则不必过多强调
适可而止	当客户不愿意配合时要尊重客户的意愿，避免对方产生反感情绪
注意语气语调	反问不同于质问，因此语气、态度上要多加注意

　　有效提问是销售人员与客户展开沟通的一种重要形式，作为销售人员，要善于利用提问的方式，促使客户进行回答，准确地反馈客户的需求。

处理办法3：比较法

　　货比三家，已经成为人们在购物前的惯用作法。因此，很多商家也都抓住了客户的心理，将不同档次、不同价格的产品尽量放在同一区域，就是为了引导前来的客户主动比较，并能从比较中选出自己心仪的商品。

　　同样的，销售人员在向客户推销产品时，也应该采用这种方法，主动帮助客户进行比较，尤其是在客户拿不定主意时，这种对比效应就显现出来了。

案例 10

　　徐先生打算买一把办公椅，他在家具店里看到两种椅子，一种800元，一种1500元，表面上看起来差异不大，试了半天也不确定买哪个。

　　导购员小希见状走上来："先生要买椅子吗？"

　　徐先生："这两把椅子看起来风格差不多，价格相差为什么这么大？"

　　"先生，您也试过了，您觉得两种椅子哪个更舒服。"

　　"还是那个贵点的。"

　　"没错，这两种椅子表面上看没什么区别，实际上他们坐垫内的弹簧数是不一样的，从健康上考虑，不良的坐姿对脊柱不好，很多人脊柱、颈椎或腰部出现问题就是因为长期坐姿不良而引起的。所以选椅子一定要选那种能让您保持良好坐姿，从而保护好身体健康的椅子，您说是不是？"

　　"我再分别试一下。"

　　就在徐先生试坐的过程中，小希仍在介绍："这种1500元的椅子就

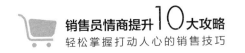

充分考虑到了客户的健康问题，在里面增添了许多弹簧，我认为，这种更适合您。"

听了小希的详细解释后，徐先生心里想：别说只贵700元，为了保护我的脊柱，就是再贵一些我也会购买这张椅子的。

上述案例中小希的成功之处在于，当客户对两种椅子的价格感到困惑时，她能及时通过对比法，进行引导、示范，不断强调1500元那款椅子的优点，以及能带来的好处和利益，从而使客户改变想法，认为价格是合理的，这样才有了后来心甘情愿地购买。

面对客户提出的价格异议，销售人员不要与客户发生激烈的争辩，因为争辩一点效果也没有。也不要急于答复，而是拿自己的产品与客户自认为好的产品做比较，突出自己在这方面的优势，如设计、性能、声誉、服务等方面的优势，让客户意识到产品贵的合理。这是因为产品的价格在明处，客户看后就会一目了然，而产品的优势在暗处，通常不易被识别。销售人员应把客户在价格上的视线转移到其他优势上来，实现优劣势的互补。

不同生产厂家在同类产品的价格上存在差异的原因往往与某种优势有关，因此，推销员在介绍产品特点的同时，还可以提及它所具备的其他公司产品所不具备的各种好处，使客户觉得价格虽然稍贵，但还是可以接受的。

处理办法4：补偿法

补偿法是通过对客户的异议进行补偿，来化解异议的一种方法。任何产品都不是十全十美的，如果客户看到了产品的不足与缺陷，销售人员应承认缺点的存在，理智客观地对待客户的异议，并针对这些错误和缺陷做出必要的补偿，让客户在心理上找到平衡，才能看到产品还是有很多值得肯定之处的。

当一款产品的长处大于短处，优点多于缺点时，客户肯定会购买。

案例
11

　　马森是某餐具商贸公司的销售人员，一天，他与某餐饮公司老板王经理就一批餐具达成了供应协议。没想到当天晚上对方就打来电话，说是发现了其中掺杂着次品，要求退货。马森尚不知情，对方就挂掉了电话，当即，他决定明天马上联系客户详谈这件事情。

　　来到客户办公室，本想向客户解释一番，没想到，刚一进门，客户就暴跳如雷，从椅子上站了起来，一个箭步冲到自己面前，开始指责马森如何不负责任，如何不讲信用。原来，就在卸货的过程中，客户发现产品中有很多次品。

　　马森查看过现场之后，意识到当前无论如何解释，也很难平息客户心中的气愤。他灵机一动，走到客户面前，平静地看着对方，用平和的语气说："您花了钱，当然应该买到满意的东西，我愿意按照您的要求重新办这件事。"

　　听到这句话，客户的怒气立即消失了一半，接着又问："你计划怎么办？"

　　马森说："目前，我尚不确定是哪个环节出了问题，您也知道从生产到装货、检验有很多环节，任何环节都有可能出现纰漏。您能否给我一天的时间，我马上展开调查。不过您放心，给您造成的损失，我会给您相应的补偿。"

　　见马森言之有理，客户也客气了很多，似乎意识到了自己刚才的失态。便说："好吧，次品先退还给你，其他的暂时按原计划进行，希望以后别出任何差错！"

　　马森只用几句话，就平息了客户的怨气，重新获取了这笔订单。此事传到公司里，领导大大地赞赏了马森的行为。任何产品都有自身的优劣势，在劣势的确存在的情况下，销售人员要学会正视这个问题。不要把产品缺陷当作秘密，因为客户会把这种行为当成是一种欺骗。相反如果你坦白地向客户说清楚，将产品的劣势和盘托出，也许会获得客户的谅解。即使客户仍会有所不满，但起码在他们心中树立了一种讲诚信的良好形象，这也为你接下来的推销奠定了基础。

　　如果产品存在某些缺陷，即使非常微小也会让客户感到物非所值。这时销售人员就要改变策略了，应该马上制订或者承诺一定的弥补措施。只要客户能获得

额外的利益，不平衡的心理也能很快得到缓解。

所以，当客户提出产品存在某些缺陷的问题时，你要对不利点做好心理准备，并尽快进行弥补，尽可能地占据更多的主动权。

在运用补偿术时，销售人员应注意以下3个问题，具体内容如表10-4所列。

表10-4　运用补偿法应注意的问题

实事求是	通过调查、检验等多种手段来确认产品存有缺陷的事实
及时处理	当在确认产品存在某种缺陷和不足后，应马上提出产品与成交条件有关的弥补措施，而且不能随意改动
采取补偿措施	销售人员应进一步针对客户的主要购买动机进行补偿，淡化异议，强化利益

处理办法5：预防法

为了防止在推销过程中被客户的异议打乱节奏，在推销前，销售人员应对客户可能提出的异议进行预设假想，并制订好多种处理方案、解决办法。

高情商的销售人员都知道，在谈判时，几乎所有的客户都会提出某些异议，而这些问题大部分都大同小异，因此，不少销售人员在平时就归纳总结，将最常用的方法汇编出来以备不时之需。

案例
12

　　我带领的团队是全公司最优秀的团队之一，始终保持着高效的订单量。这与我倡导的一个好习惯有关，即每周一都要召开一次经验总结大会，从一线推销员到高级市场策划，都必须参加。

具体程序：

◇　所有的销售人员都将平时遇到的异议写下来，集中讨论，按照一定的类别分类统计；

◇　按照每一类异议出现的次数多少进行排列，出现频率最高的排在前面，依次类推，最低排在后面；

◇　以集体讨论方式编制应对方法，最终编写整理出来，每个人熟记于心；

> ❖ 相互扮演销售人员和客户，分组练习，在一对一的练习中发现不足；
> ❖ 通过讨论进行修改，对修改后的方法再练习，最后定稿。印成小册子发给大家，以供随时翻阅，达到运用自如的程度。

预防法，最主要的是防患于未然，因此运用这种方法的关键是需要提前做足准备，而且这些准备要力争做到准确有效。比如，对客户异议的预判，对应对策略的演练必须做到符合实际，符合客户的利益。所以，每一个销售人员在推销实践中要善于思考，时时总结，无论是成功，还是失败，都要把经验总结出来。

再者，要与其他成员充分交流，学会分享，实现互通有无，全面发展。

预防法，毕竟是一种防护措施，并不能指望它解决所有的问题，其最大的局限性在于容易限制人的思维，生搬硬套。因此，在推销过程中，遇到临时问题和突发情况时还需要灵活使用，临场发挥。

10.6 当老客户提出无理要求，要学会说"不"

对于销售人员来讲，最大的欣慰莫过于老客户的支持和不弃，这意味着重复销售的概率将会大大提高。但这同样会遇到一个麻烦问题，即大部分老客户都习惯攀"交情"，常提出一些超出我们个人权利范畴的要求。比如，要求某新品大幅打折、优惠、礼品赠送等。

老客户之所以提这些要求是占据心理优势，言外之意："我们是朋友，我们有交情，能不能为了情谊多优惠优惠"。

中国是一个最讲究人情、面子的社会，有人认为这个面子得给，但是对销售人员来说，生意就是生意，不能以人情来做买卖，是否该答应无礼要求，使不少销售人员陷入两难境地。

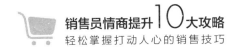

案例
13

新产品刚上市，小迪就迫不及待地与老客户杨总通了话。

杨总："多少钱？"

小迪："1588元。"

杨总："这比上次贵500多呢，能不能打个8折？"

小迪："我可以适当地为你降低一些，但恐怕8折不行。"

杨总："你再通融通融，你看我也是你们的老客户了，每个月都要从你们这进货，这点面子也不给。"

小迪："这套按摩器是上周刚刚上市的新产品，有很多新功能，对于治疗……有很好的效果。"

杨总："是吗？与上次有什么不同？"

小迪："功能上有所增多，外形也有所改观。"

杨总："朋友啊，就一点优惠都没有吗？"

小迪："可以享受积分活动，但打折我实在不能答应。"

杨总："怎么老客户与新客户的待遇一样啊。"

小迪："×总，不好意思，能打折我还不给您打折吗？"

由于是刚刚上市的新品，即使老客户也无法大幅度优惠，既怕失去老客户又不敢擅自做主，为此小迪陷入了两难的境地。

杨总："那等打折的时候再来吧。"

小迪无言以对。

例子中的话术是十分失败的，即当客户要求打折、优惠时，把所有的责任全部推卸到公司头上。这样的话虽然可以堵上客户的嘴，但也无法让客户感到你的诚意。遇到这种情况该如何应对呢？一要坚持原则，这些要求如果在可以解决的范围之内肯定要去积极解决，但如果无能为力呢？也要学会说"不"。二要灵活处理，老客户的心理优势在于"交情""面子"，正因为这样，才会提出无理要求。这时仍需要从这个"情"字做起，不妨采用如图10-6所示的技巧。

① 真诚地感谢你的老客户并表达谢意

② 向客户客观地讲清楚这样做的利害关系

③ 转移注意力，将价格异议转移到其他方面

图10-6　拒绝老客户无理要求的技巧

（1）真诚地感谢你的老客户并表达谢意

老客户能够始终信任你，信任你的产品和公司，就是对你最大的帮助。即使有时候会刁难你也要首先表示感谢。具体可参考如图10-7所示的情景对话。

情景对话

客户：   "我是你们的老客户了，破例打个八折吧。"

销售人员： "××总，非常感谢您长期以来对我们的支持，但是这次真的不能打折，在不损害公司利益的前提下我会尽力帮您，比如……但有悖于原则的，实在是无能为力。"

图10-7　情景对话1

其实，很多时候，老客户要你为他们打折、优惠，并不是有意刁难，而是想得到一份尊重和重视。因为在他们心里"老客户"和"新客户"就应该有所区别。所以，作为销售人员，要让老客户尽量有这种心理感受。

（2）向客户客观地讲清楚这样做的利害关系

很多老客户也许并不知道你们公司的内部规定和产品的销售情况，所以就会轻易地要求打折或优惠。遇到这种情况，销售人员千万不可轻易拒绝或冷冷地甩给客户一句"这是公司的规定"，而要站在客户的角度去想这个问题，然后解释为什么不能优惠。比如，这是价格规定，或者新产品一旦打折，就会危及企业利润等。

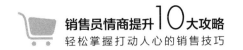

具体可参考如图10-8所示的情景对话。

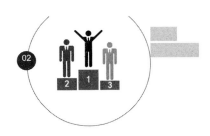

情景对话

客户："我是老客户，一点优惠都没有吗？"

销售人员："××总，您是我们的老客户了，如果有优惠活动一定会提前通知您。您看，这是我们公司刚刚上市的新产品，有好几款已经缺货了，您也知道我们公司的新产品经常是不打折的！您要是喜欢就今天买吧。"

图10-8　情景对话2

（3）转移注意力，将价格异议转移到其他方面

遇到一些比较固执的客户，你一旦无法满足其需求就会引发一些矛盾。对于这类老客户，你要及时转移他们的注意力，把话题引到公司允许优惠的范围内，这样，在很大程度上也可以缓解客户的情绪，比如，积分活动，额外赠送等等。

具体可参考如图10-9所示的情景对话。

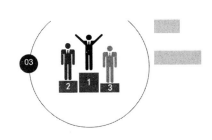

情景对话

客户："我是老客户了，你们怎么在老客户与新客户的待遇上一样啊，一点优惠都没有？"

销售人员："我知道您是我们公司的老客户，这么多年来，也感谢您对我们的大力支持，但是这是新产品，打折销售会给公司造成损失。这样吧，您暂时少订购一些，另外再订购一批那个型号的，我把优惠给您算在那批货上，总之我不会让您吃亏的。"

图10-9　情景对话3

针对老客户的这种心理优势，销售人员要做的不是打压，让对方感到"我没什么优势可言"，而是将这种优势彻底放大，让对方感到的确应该享受特权。值得提醒的是，在享受方式、享受程度上要灵活运用，根据实际情况有所改变。

10.7 服务意识是情商最高表现

有人说，服务是产品销售的一种延续，只有服务跟得上，才能算得上真正做到了成功推销。现如今，很多企业已经有了强烈的服务意识，在为客户提供优质产品的同时，主动提供相配套的服务，因而赢得了广大客户的支持和青睐。

客户买的不仅是产品本身，还是产品相应的及额外的服务。服务贯穿整个销售过程，高情商的销售人员应该树立起主动服务的意识。德国大众汽车公司流传着这样一句话："第一辆汽车是销售人员卖的，第二辆、第三辆汽车都是服务人员卖出的"。

在国内，华为也是注重售后服务的代表，而且经历了一个"以产品为中心"向"以服务中心"的痛苦大转移。

案例 14

2010年9月下旬，华为多个EMT高管开通了微博。华为终端董事长余承东是其中最活跃、与用户互动最多，也是被业界和用户"吐槽"最多的华为高管。在外界看来，这是华为多种"诠释"走向开放的标志之一。而在背后，每一个华为终端员工，都感受到了由内到外的强烈变化，习惯了为运营商做用户支撑的售后和服务部门更是如此。

2003年，郭新心刚刚接手华为终端全球交付与服务部。到2010年，华为售后服务一直都是跟随运营商做"保障型"服务，可以是一种被动式服务应对，保障为运营商提供的手机不要有大的事故出现，因此当余承东仿照用户在微博投诉，尝试通过114查询华为手机售后服务时，得到的答案竟然不是官方的"4008308300"售后服务电话，这让余承东感到华为终端的服务改进的确迫在眉睫。

面对各方突如其来的压力，郭新心首先从打通用户和华为终端的直接联系开始重新梳理。华为终端所有的手机中都内置了售后服务电话，从今年出厂的华为智能手机还将内置售后服务App，用户可查询到自己购买机型TOP 10的问题应对，还可以通过GPS一键定位到最近的服务网点进行维修。

其次，建立了"首问责任制"，即不管是官方微博的维护人员、接

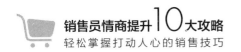

听电话的客服人员，还是服务网点的营业人员，谁先接触到用户的投诉就将成为"端到端闭环服务"的责任人，对用户遇到的问题一追到底，直到问题解决。

除此之外，华为终端还建立了对微博、Facebook等社交媒体、论坛的用户意见监控，定期将收集到的客户反馈按照重要程度排序，然后发送给终端管理层，各相关业务部门会对跟进报告进行总结、分析，直到问题彻底解决。

众多事例说明，"服务"在产品推广、推销过程中的重要性。严格地讲，售后服务更多的是一种企业行为，而且大部分由专门的售后人员提供。努力提高服务水平，提升客户满意度，这既是对企业的要求，也是对销售人员的要求。

销售人员作为连接企业与客户的桥梁，必须将企业的服务宗旨落到实处，切实地维护好客户利益。因而，能否为客户提供良好的服务，也成为衡量销售人员是否合格的标准。服务至上，利益第二，服务是销售人员工作中一个非常重要的环节。那么，为客户提供服务工作应该如何做呢？

那么，如何来为客户提供更好的服务，令客户更满意呢？销售活动中服务通常分为两大部分，即售前服务、售后服务，具体内容如图10-10所示。若想令客户彻底满意，就必须同时做好两方面的工作，缺一不可。

与客户沟通，了解客户需求，为客户提供良好的消费体验，激发客户购买欲望。	包括产品销售出去之后所有的工作，尤其是定期回访，目的是解决客户的后顾之忧，培养客户的忠诚度。

售前
服务　　　售后
服务

服务
贯穿整个销售过程

图10-10　销售工作中的服务工作

（1）售前服务

由于尚未进入产品推销的实质性阶段，因此售前服务主要体现在态度上，也就是说，要尽量表现得热情大方，自然坦诚，让客户心甘情愿地接受你。

1）端正态度。

态度永远是服务中不可缺少的一部分，客户接受了你的态度，才可能接受你的产品。作为销售人员，最首要的任务不是如何把产品推销出去，而是懂得尊重客户，理解客户，让客户从心理上接受你。

2）真诚坦白。

坑蒙拐骗是商业活动中永远存在的一种顽疾，这也使得客户对推销产生了不少误解。推销，是一件非常严肃的事情，既然你决定向客户推销，就要负责任，把最有用的信息透露给对方，帮助客户做出正确的选择。不要隐瞒事实、蒙混过关，不要有任何欺骗、欺诈行为。

（2）售后服务

售后服务是整个推销过程中不可或缺的一部分，也是客户最为关注的一部分，很多客户之所以购买你的产品就是看中了完善的售后服务体系。

1）让客户充分了解售后服务。

对于客户来讲，并不是所有人都能够正确地了解售后服务的含义，很多人对售后服务理解上有所偏颇，这会大大误导他们。所以，在产品推销出去之后销售人员有义务协助客户更深入、更系统地去了解产品配套服务，以及企业自定的其他售后服务。

2）做好回访工作。

回访是产品推销出去后的一个重要环节，客户购买产品之后，销售人员应该定期或不定期的回访，深度了解客户对产品的使用情况，以及在使用过程中遇到的问题，这将会大大提升客户的满意度。此外，通过回访工作，还可以为企业创造无形的价值，提升企业的知名度和美誉度。

3）处理好售后问题。

产品在使用过程中总会出现这样或那样的问题，客户难免也会抱怨，每个客户抱怨时都不会仅仅是为了抱怨，他们会有所期望，如希望维修、退货等等。这都是难免的，遇到这种情况，平息客户的抱怨很重要，而且在现有的条件下要尽量为客户找到解决方案。

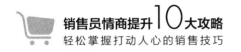

10.8　多做一点点，为客户提供额外服务

良好的服务是培养客户忠诚度的重要方式，任何一名优秀的销售人员都应该明白，良好的服务才能提高客户的满意度和忠诚度。

案例 15

小林是某商场一名导购，每卖出一件产品他都会让客户填一张《贵宾满意统计表》。内容为："在阁下即将踏出我店前，为了给您提供最好的服务，请协助我们填写一份《贵宾满意统计表》。"

趁此机会，他会向客户介绍产品在使用过程中的注意事项，以及其他售后问题。如果客户对产品满意就会表达感谢，下次光临；如果客户提出意见和建议，他还会耐心地解释，积极地去解决，直到客户满意为止。

原来，这个表格并不是公司的硬性要求，而是为了提高客户满意度，他自己独创的。一开始，同事们都不理解他的行为，被认为这是"多此一举"，何必为自己找麻烦呢。

但他的这种做法一段时间后就有了效果，小林的业绩在所有导购里连续几个月都是最突出的，这个被看是"多此一举"的行动瞬间引起了领导部门的注意。原来，正是一张小小的表格提高了客户的满意度，很多客户不但不会觉得麻烦，而且主动提出自己的意见或建议。时间一长，客户对他的服务大加赞赏，也喜欢到他那里去购买。

一年后，他成功晋升为店长，又将这一方法教会了他手下所有的店员，他们的店成为全国明星销售店面。

小林无非是比别人多做了一点点，就获得了其他人无法企及的成就。"多做一点"对客户来说是非常必要的，不要轻视这个小举动，正是一张表格大大地提高了客户对销售人员以及企业的满意度。

完善的服务和业绩的提升是相辅相成的，在服务上提高一个档次，销售业绩可能就会提升十倍。服务，是销售活动中的一个重要环节，在服务上多做一点点，就能达到事半功倍的效果，何乐而不为呢？因此，作为销售人员必须重视起自己的服务意识，主动为客户提供售前和售后服务。

然而，这个细节却经常被大部分销售人员所忽略，或者是被误解。在服务上"多做一点点"，可能只是一句话，或者是一个简单的动作，或者是一个眼神，但足以改变客户的心理。这些小小的细节对客户心理起着非常大的强化作用，能够加深客户对产品的认可，对你的认可，具体的内容如图10-11所示。

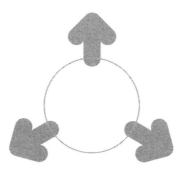

对客户提出的产品
以外问题，有问必答

对客户的心理质疑、疑惑要多引导　　　　多给客户树立未来美好的愿景

图10-11　为客户提供额外服务的主要内容

（1）对客户提出的产品以外问题，有问必答

有些客户在购买产品之后会萌生"产品是否真有用""是否物有所值"的想法。或者在使用过程中会遇到这样或那样的问题。

当客户带着这些疑问与你谈话时，他们最大的希望是听到你积极的回应或明确的答复。这时，销售人员一定要做到有求必应。切记，唯有从根本上消除客户的疑虑，才能够使对方心甘情愿地认可你的产品。

当然，这里所说的有求必应、有问必答，并不是答应所有的要求，无条件地满足对方。

（2）对客户的心理质疑、疑惑要多引导

有些客户对产品有意见是因为受周围人的影响。比如，张三曾经对某产品印象不好，就对李四说这个产品如何如何不好，这对李四是非常大的负面引导。所以，在遇到这类客户时，销售人员必须多关心、多鼓励，多和他们联系，做足心理上的慰藉工作，潜移默化地影响他们。

（3）多给客户树立未来生活的美好愿景

销售人员不只是产品的销售者，更是消费者理念的传播者，客户的消费观念一般来自自己的消费习惯，而对于一些新的消费理念则要靠销售人员来塑造。

作为销售人员，有义务、有责任去引导和培养客户，让他们有正确消费观和消费理念。当新的消费观念确立起来，客户自然会对你产生兴趣，甚至会把这种"好东西与朋友分享"。这样一来，该客户不仅成为你的稳定消费者，更会成为一位帮你推销产品的帮手。

一个高情商的销售人员，不仅仅要看他能否成功地促成交易，还要看在交易成功之后能否主动为客户提供优质的服务。售后服务作为销售活动中一项非常重要的活动，并不是随随便便完成的，它有自身的工作原则。销售人员在向客户提供售后服务时必须要有原则，以最大限度地满足客户的需求。

.10.9 **倾听客户的购前担忧，让其更安心**

在销售中经常会出现这种情况：即将成交的关键时刻，客户不断地用各种各样的理由来拖延或拒绝。很多销售人员对客户的这种行为不理解，更不知道对方真实的想法是什么。

其实，拖延和拒绝背后是客户对购买产品后的一种担忧，他们不确定产品在使用过程中会出现什么问题，以及出现问题后该怎么办。这样做的主要目的，就是想借此机会争取到更多的承诺。

在了解到客户的这种心理之后，销售人员要想办法消除他们的后顾之忧。

案例
16

客户："我没听说过你们公司，更没合作过，凭什么相信你？"

销售人员："我们公司的确不如那些实力强大的综合性公司，但我们却是最专业的，在业界同样也博得了一席之地。"

客户："你们有什么优势？"

销售人员："王总，我能先提一个问题吗？"

客户："当然可以。"

销售人员："在您与其他企业合作的过程中，对它们最大的不满是什么？"

客户："售后服务！服务和产品质量完全脱节，机器设备一旦坏损，需要维修、更换零件的话都比较麻烦。"

销售人员："对，正如您说的，质量过硬的产品还得配备完善的售后服务。我们公司最大优势就在于有一支技术过硬、负责任的服务团队。您想，一个新公司要想与那些实力超强的公司竞争，品牌影响力势必要稍逊一筹，因此我们唯一可做的就是完善产品的售后服务。这是我们企业在服务团队建设上的一些资料，有什么意见尽管提出来，咱们共同解决。"

客户拿着资料，点点头，表示认可，同时也答应先从小云这里订购一部分产品。

在大多数销售人员看来，自己的职责是卖产品，服务已不属于自己的工作范畴。其实这是狭义的售后服务，这部分工作通常可以由指定的服务人员来做。事实上服务还包括广义上的售前、售中服务，这部分服务与销售工作紧密相关，必须由本人来做。

一名高情商的销售人员坚决不会让客户带着顾虑去签单。如果遇到这种情况，当务之急是恢复客户对产品，对企业，对你本身的信任。上面案例中的销售人员就很好地把握这了一点，他没有去抱怨、责怪客户，而是站在客户的角度，充分去体会客户的感受，然后通过实践，消除了客户心中的担忧。

当前，市场缺乏诚信，有的销售人员为了多推销产品甚至会不择手段，售前盲目承诺，售后却无法兑现。那么，如何来消除客户的后顾之忧呢？

（1）充分了解客户存在的问题

多了解客户对产品应用方面的态度，尤其是不满意的地方，以便于进一步激发客户的明确需求。例如，你可以这样问："您最不满意的地方在哪里？"通过提出激发需求的问题，可以将客户的不满明确化，从而引起客户的高度重视，以提高为客户解决这类问题的紧迫性。

通过提问，才能从客户的回答中了解到需求在哪里，从而有针对性地推销，提高客户满意度。比如，当你了解到客户对产品操作不太熟悉时，可以通过介

绍、亲自示范等方式帮助客户。

（2）向客户提供权威证明，强化客户的购买信心

空口无凭，客户很难相信你的口头承诺。这时，销售人员如果能及时出示一些相关证据，给客户吃颗定心丸，让客户彻底放心，成交就有希望了。比如，可以列举一些声望比较高的老客户、公司公职人员以及公司的荣誉证书、奖品等，常用的证明如图10-12所示，这在一定程度上可以消除客户不踏实的心理。

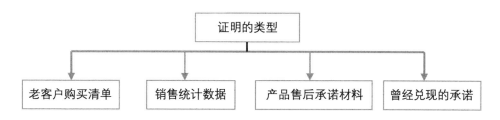

图10-12　强化客户购买信心的证明

（3）向客户出示三包证明，正确解读相关条文

"三包证明"是产品中非常重要的一部分，大部分客户在关注产品质量的同时，都十分注重这一部分。所以，当客户对你的产品认可后，销售人员应拿出相关的售后服务说明书，向客户交代清楚产品购买后的政策，比如，三包证明使用注意事项，更换、维修的起止时间等。当客户明确地了解后，后顾之忧就会大大消除。

不过要注意的是，在向客户介绍售后服务款项时，销售人员既不能随意夸大事实，也不能有意贬低。

总之，客户关注的不仅仅是产品本身，还有与产品相关的各项服务。所以，提醒每一名销售人员，在销售中让客户清楚了解产品销售的各项服务很关键。

销售人员的责任不是推销，而是帮助客户解决问题，如果你能解决掉他们提出的问题，便会取得他们的信任，慢慢消除对你的质疑，从心里信赖你，接受你。

10.10　定期回访彻底解决购买后顾之忧

对客户进行回访，是售后服务工作中的一项重要内容，是提高客户满意度、忠诚度的关键一环。很多企业都有明文规定，销售人员或公司客服人员，有向潜在客户、目标客户进行回访的义务。定期能够提高服务质量，及时发现问题，提升公司形象。

同时，这些措施也是对产品进行二次销售的一个良机，因此，客户在购买产品之后，销售人员一定要定期做回访。

案例
17

关于跟踪回访，我本人有非常深刻的体会，在刚做销售时我曾做过一段时间汽车贷款业务。公司要求定期对客户进行电话回访，我在这方面做得非常不好，很多时候拿起电话不知道该与客户谈什么。那段时期，电话对我来说成了很大的心理负担，内心的胆怯笼罩了我很久。

但是，我从没放弃，因为越不敢回访，业绩就会越差，最终会形成恶性循环。我本来起点就很低，所以必须比别人更努力。我开始向有经验的人请教，偷听他们如何打电话，听别人是怎么说的，怎么给客户沟通的。

几次之后，我也掌握了一些技巧，最大的技巧就是心态上的调整。比如，要乐观、自信，面带微笑，让客户在电话的那边也能感受到你的微笑和善意等。从此之后，我严格要求自己，对每个客户进行定期回访。

在整个团队中，我的回访工作做得最好，也根据实践总结出了一些经验，即给客户打电话不要老推销产品，重在解决问题，解决客户遇到的困难。

我相信很多销售人员都有过与我一样的经历。为什么要定期回访客户？搞业务的朋友应该都很清楚，这是销售人员进行产品或服务的满意度调查、客户消费行为调查、有效维护客户关系的一种方法。

但具体怎么做比较好，很多销售人员都表示很伤脑筋，他们或是害怕与陌生客户沟通，或是打电话容易紧张，总之这是很多人面临的一个难题。那么，怎么回访客户呢？这其中有哪些讲究和注意事项？

通常来讲，在整个销售流程中需要多次回访，不同的阶段需要不同的回访。而且每次回访的内容、目的都会有所差别，比如：新契约回访、失效保单回访、

给付业务回访等等。

回访工作可分为3个阶段，不同的回访阶段，话术也有差别，具体内容如下：

（1）新契约回访

新契约回访是指，在谈判取得初步胜利之后，促使对方签订正式合同的一种回访制度，主要是针对合同签订展开的。

针对新客户的新契约回访（通常为电话回访），可以按如图10-13所示进行。

"詹先生，确定一下您已经收到订货合同了吗？"

"刘小姐，麻烦您在保单回执上签一下字。"

"请问您是否已经仔细阅读了合同内容？如果没异议的话就可以签字了。"

图10-13　回复话术1

（2）售后回访

售后回访是指在售后一定期限内（三个月、半年，一年），对处于更换、维修期间的客户进行回访，以了解对方的使用情况、使用需求以及维护事项，这也是回访业务中最主要的部分，是整个回访业务中的主体部分。

这一阶段的话术可以按如图10-14所示进行。

"货物已经发出，按照要求8日应安全抵达。"

"您好，我是××，打扰您了，我们需要针对您在X月X日X购买的设备使用情况进行回访，希望您能配合。"

"您认为我们的产品还有什么地方需要提高的吗？"

图10-14　回复话术2

（3）特定的回访

除了上述阶段的回访业务之外，很多公司根据自身的实际情况，制订出了很多针对性较强的回访业务。

比如，保险业常常有失效保单回访，失效保单回访是指对已失效的、已过期的保单客户进行回访，以了解客户的新需求，续期服务品质及客户保单失效原因。

搞批发的公司有团购回访，是专门针对进行团购客户进行回访的一种制度。也就是说，回访制度既有其原则性，又不失其灵活性，销售人员在具体的实践过程中，在遵守原则的基础上可以灵活安排话术。

总之，欲使每位客户满意就要消除他们的后顾之忧，而消除后顾之忧最有效的办法就是做好回访工作。还要不断学习，完善自己，成倍地付出努力去满足客户的需求，也只有这样才能互通有无，得到更多的信息。

10.11 配合服务人员做好客户的售后服务

售后服务通常由指定人员去做，但销售人员有积极配合的义务。配合售后人员向客户提供售后服务，是一个销售人员高情商的表现。因为，只有加强服务，才能满足客户的需求、赢得客户对企业的信赖，并且也只有增强服务，才能提高客户的满意度，让客户觉得物超所值。只有你的服务得到了赞同和社会的认可，才能在这个激烈竞争的市场环境中立于不败之地。所以，一定要树立客户就是上帝的理念，真正把客户当作上帝或亲人来对待，做到关心、热情、服务周到。

案例
18

"沃尔沃"汽车曾被称为"最安全的汽车"，冲着这名头，李女士在当地沃尔沃4S店买了一辆XC60，可不到一个月汽车就出现了问题。

一天，李女士驾车行驶在高速公路，可行驶不到500公里就熄火了，待她再次发动后，没走多远又熄火了。不到2000公里的路程就熄灭了三次，还险些出了车祸。对此李女士非常恼火，于是，她向当时负责销售的业务员小王反映了此问题，而小王则是把问题直接转给了4S店的技术部门。

技术部门的工作人员接到投诉之后，虽然采取了一些措施，但仍然没有检查出任何毛病。每次就是让李女士不断地试一次车，仅试车就跑了1700多公里。除了里程表上的数字直线上升外，汽车的故障却一点也

没查出来。可能是试车过多，又出现了发动机抖动、排气管冒黑烟等一系列问题。更令人恼火的是，汽车放进4S店20多天，故障仍然没有修好。

这给李女士带来了巨大的经济和精神损失，因为李女士家离4S店比较远，为了查看和配合维修，她不但每天要就近吃住，还耽误了工作。期间，她多次拨打售后服务电话要求尽快处理，但得到的答复总是"汽车的问题只能通过网络反馈到技术部，故障还得由他们来排除，我们正在加急给您处理。"除了技术部的推诿令李女士气愤之外，就连当初的销售人员小王也是以"我只管卖，不管修"为由，搪塞李女士。

开着自己心爱的汽车出行，本来是件愉快的事，可没想到刚买的新车就问题不断，这使李女士非常恼怒，觉得自己是花钱买气受。

上述案例中，仅一个小小的熄火问题就查了20多天，还没有找出事故的原因。不仅如此，各部门的态度冷漠，不积极应对使客户更为恼火，这已经不是技术水平的问题了，而是相关人员的责任心问题，一个不负责任的销售人员、客服人员如何能为客户提供更好的服务呢？

服务问题长期得不到解决，不仅给客户带来诸多不便，还会影响到自己的业绩。增强服务意识的重要性就是要改善服务态度，提倡主动服务。那么，如何来提高客户满意度呢？一般来讲可以从以下4个方面入手。

（1）预先考虑客户的需求

为客户服务不仅要为客户解决问题，还要预先想到客户的需求，帮助客户解决后顾之忧，给客户带去快乐的心情。

（2）尽可能地为客户提供方便

在这个快节奏、高效率的时代，客户们都比较重视时间的观念，如果销售人员只考虑自己的需要而喋喋不休，那么你的销售只能失败。相反，若能站在客户的角度考虑，言简意赅，将产品的重点、优势介绍给客户，既为他们节省了时间，又提供了优质服务，才会让客户感到方便满意。

（3）满足客户的自豪感

要赢得客户的满意，不是光被动式地解决问题，还要对客户的需要、期望和态度有充分的了解，把对客户的关怀当成是自己工作的一部分，发挥主动性，提供私人定制式的服务，真正满足客户的自豪感，才能让客户感到超乎预期的满意。

（4）服务要讲究艺术性

服务的艺术性主要包括：与客户沟通要灵活应用文明礼貌用语，说话方式要婉转，语气要亲切，使用平等口气，不要居高临下，还要注意语速、语调，切忌焦躁、不耐烦；学会将心比心、换位思考、礼貌服务、一视同仁，尤其是在出现服务瑕疵或是遇到自己不懂的相关业务时，更应礼貌服务，这样才能弥补不足，取得客户的认可。

提高服务质量，是做好客服工作的关键。需要树立正确的服务理念、坚持良好的服务态度、展开别具匠心的特色服务等，综合运用各种手段来满足客户的多样化的需求，提高客户对产品的满意度。

附表一 情商自测表

你是个让人
感到讨厌的
人吗？

没有 □　　　部分人□　　　很多人 □　　　不清楚□

如果感到自己总是令身边的很多人感到讨厌，那么一定是
情商已经开始出现问题，尽管是初级的但也要好好反省。
争取把自己身上的坏毛病一点点地改正。

完全能　□　　基本能　□　　很少能或不能　□　　不清楚□

你的说话
方式能被
接受吗？

高超的表达方式是高情商的主要标志。情商高的人说话会
顾及他人感受，同时也会考虑语境有分寸地表达；说话有
根有据，不会无故指责人、批评人，不浮夸、不盲目吹捧，
而是发自内心真情实意的表达。

处理问题时
能权衡双方
利益吗？

完全能□　　　基本能□　　　很少能或不能 □　　　不清楚□

情商高的人在处理问题上能够去权衡各种利益点，他
们眼光长远，不在乎一时的得与失。在处理问题的时候，
会找到各自能接受的解决方案，使双方都尽可能地满意。
尽量使矛盾最小化，双方关系更和谐健康的发展。

完全能　□　　基本能　□　　很少能或不能　　□　　不清楚□

知错认错并且敢于道歉的人，在现实生活中越来越少，但恰恰是情商高的表现。只要勇于迈出这一步，对方一定会为你竖起大拇指，觉得你是一个真诚的人，有胸怀的人，从而更加地认可你。

附表二 提升情商的 10 项练习

第一项训练		
项目	内容	方法
自信	**永远保持自信，相信自己。** 自信是成功的重要前提和条件，也是高情商的表现，高情商的人都有强大的自信心，做任何事情都会全力以赴。	1. 关注未来，关注美好 多关注一切使自己变得美好、独一无二的人或事。列出清单，并时常参考它。 2. 多用自己的优势提醒自己。 包括未来梦想，自己的天赋，取得成就，新学到的技能，甚至交了一个朋友。 3. 内心要强大。 对自己的焦虑、脆弱，不如意，要通过自我安抚、找到内在的力量，而不是逃避，选择自毁式的行为。 4. 健全的人格。 真正的自信源于健全的人格，有了健全的人格，无论何时何地都会对自己的行为进行自我反省、理解、接受、谅解和同情。这是人性得以闪光的最高境界，尽管很多人很难做到，但不要忘记一直去努力。

第二项训练		
项目	内容	方法
自我认识	**明确自身的优劣势** 每个人都有自己的优势和劣势，充分认识自我，并对自己给予客观评价，是做成一件事情的前提条件。如果对自身没有一个正确、清晰的认识，将会一事无成。	T字分析法 1. 在一张纸上画出两栏，呈"T"字形，左边表示肯定，右边表示否定。即把一切优势写在左栏，将劣势写在右栏。 优势 劣势 2. 把自己的优势劣势列出来，写在纸上，对着这张纸条仔细看看、仔细想想。分析出这次推销中有哪些优势，并创造条件，把这些优势充分发挥出来。

第三项训练		
项目	内容	方法
目标管理	**制订明确的目标** 高情商之人非常重视目标管理和目标激励，会制订明确的目标并为实现这个目标而努力。所以会针对每个客户制订一个目标，哪怕无法实现，也要设置一个阶段性目标。	1. 目标的设置 首先要对总目标，及其每个分目标进行明确定位，科学设置，责任主体，实施步骤，目标分解。以及当出现意外、不可预测事件严重影响组织目标实现时，对新目标的调整等。 2. 对目标实现过程进行管理 目标管理重视结果，强调自主、自治和自觉。在执行过程中需要制订详细的执行计划，并对计划进行定期检查；利用自行检查或客户的信息反馈进行调整；要做好不同责任主体之间的沟通、协调工作。 3. 总结、评估 达到预定的期限后，做好自我评估，考核目标完成情况，最好形成书面报告。同时制订下一阶段目标，开始新循环。 如果目标没有完成，应分析原因总结教训，切忌懈怠，自暴自弃。

第四项训练		
项目	内容	方法
学习	**自动自觉地提升技能和能力** 能力是信心的支柱！能力提升自然能增强自信心，没有能力就没有底气，没有底气就没有信心。因此销售人员平时应不断提升自己，通过努力学习，积累知识，增强技能来达到提升信心的目的。	1. 内部培训：公司组织的定期培训 专家讲座；讨论式培训；案例培训；情景演练；即时性培训；网络培训法。 2. 外部培训， 又叫社会培训。通常是指利用业余时间参加的培训，如公开课、脱产教育。 3. 特殊需求下的培训方法 这是介于内部培训与外部培训之间的一种形式，可内可外，往往是企业出于某种特殊需求，或者在特殊阶段而进行的一种培训方式。不具有普遍性，适用于个别企业，员工个体，常见的有考察性培训、定向培训等。

第五项训练		
项目	内容	方法
情绪调整	**保持好情绪**	1. 分析术 很多坏情绪都是莫名的，并无原因。这时可静下来想想为什么有坏情绪，有无道理，有何后果，是否有其他方式替代。这样分析后，只要能得出令自己满意的答案，情绪会变得冷静、稳定。 2. 转移术 可以通过分散注意力，改变环境来转移情绪的指向，如暂时放下不愉快去做另一件事情。人的心理有自动补偿机制，当一种需求受阻或者遭到挫折时，可以用满足另一种需求来代替。 3. 宣泄术 将遇到的不如意、不愉快通过自己比较擅长的方式宣泄出来，如做运动、读小说、听音乐、看电影、找朋友倾诉等。 4. 助人术 多做善事，既可以给他人带来快乐，也可使自己心安理得，心境坦然，具有较好的安全感。 5. 冥想术 通过循序渐进、自上而下放松全身，或者是通过自我催眠、自我按摩等方法使自己进入放松状态，然后面带微笑，想象曾经经历过的愉快情境，从而消除不良情绪。

第六项训练		
项目	内容	方法
社交	**多向成功人士学习** 俗话说，"与下棋臭的人下棋，越下越臭，反之则会使你棋艺提高"。与什么样的人在一起很重要。	1. 身边的人 首先要对成功人士有个正确的理解，不仅指在某行业、某领域内做出特殊、重大贡献的那部分人，还包括我们身边的普通人，如同事、领导、客户等，只要对方有一技之长，有自己的优势，都可以成为自己的学习对象。三人行必有我师，要善于发现身边人的闪光之处，并虚心学习。

第六项训练		
项目	内容	方法
社交	销售人员应该经常与胸怀宽广、自信心强的人接触，这样看到的都是积极、自信的一面，无形中自己也会受到感染，久而久之，自己也会成为这样的人。反之，若常和悲观失望的人在一起，也会萎靡不振。	2. 多参加行业会议 行业会议是一个大舞台，参会企业既可以看到行业的走向，判断下一个突围点；也可以站上舞台确立自己的坐标，这通常是大目标，小目标是参与领袖讨论，向行业内的领航者偷师；还可以拓宽人脉，找到合作伙伴。总之，一个好的行业会议能够带来种种机会。 3. 多参加圈内人士聚会 现在有很多个人或媒体自发组织的职业圈聚会，如IT圈，金融圈等，有线下的，也有线上的。而且参会门槛都比较低，有的可能需要交一定的费用但也不会太高，可以多多参加，对拓宽自己的人际圈十分有帮助。 4. 他人引荐 这种方法最有效，也是最有可能抓住"大鱼"的唯一方法。如果有机会的话，一定要充分利用。

第七项训练		
项目	内容	方法
着装	**注重着装，树立得体的形象** 一个人着装整洁、仪表得体、举止洒脱、行为大方的话，有利于增强自信心，面对陌生人时也容易迸发出内心的能量。因此，销售人员一方面要注意自己的言行举止，一方面要加强锻炼，保持健美的体形。	1. 时间原则 工作时间，建议着装要正式，以表现出专业性； 晚上、周末、非工休时间与则可以穿得休闲一些； 参加邀请、宴会等，则需要遵循场合原则穿特定服装。 2. 场合原则 场合有正式场合和非正式场合。 正式场合，如与客户会谈、参加正式会议或出席晚宴等，销售人员的衣着应庄重、考究。男士可穿质地较好的西装，打领带，女士可以穿正式的职业套装或晚礼服。在非正式的场合，如：朋友聚会、郊游等，着装应轻便、舒适。 3. 地点原则（即所处地点或准备前往的地点） 在自家接待顾客，穿着舒适的休闲服，干净整洁； 去顾客家里拜访，既可穿职业套装，也可以穿干净整洁的休闲装；如果是去公司或单位拜访，则应穿职业套装； 外出郊游可以穿得轻松休闲一些；到酒店拜访，宜穿轻便服装。

第八项训练		
项目	内容	方法
微笑	**时刻保持微笑** 微笑，有股神奇的力量，可以感召自己，能使自己的内心平静，又能感染别人，取得客户信任，消除戒备之心，化解紧张气氛。	在微笑的训练上，可以按照以下方法进行： 1. 第一步 学微笑首先必须使嘴唇周围的肌肉彻底放松，肌肉放松练习可以按照"音符法"进行，"哆、唻、咪、发、嗦、啦、西"从低音到高音，张大嘴一个音一个音地发，每个音都要大声、清楚地喊出来，在读的时候中间要有短暂的间隔。 2. 第二步 在张大嘴的同时，嘴最大限度地形成伸张，伸张的程度必须以能感觉到颚骨部位不断地受到刺激为准，这样的姿势每次保持10秒，这一动作反复进行3次。 3. 第三步 在第二步的基础上慢慢地聚拢，圆圆的卷起来的嘴唇直到重新聚拢在一起时为止，保持10秒，聚拢嘴唇这一动作反复进行3次。 4. 第四步 闭嘴后，嘴角向两侧拉紧，使嘴唇在水平上紧抿起来，嘴角尽量向两边翘起（幅度是门牙轻轻地咬住木筷子为准）。使连接嘴唇两端的线与木筷子在同一水平线上，并保持10秒。

第九项训练		
项目	内容	方法
积极的心理暗示	**积极的心理暗示** 谁都有遇到困难的时候，这时要对自己说："我能行！""我很棒！""我能做得更好！"这是一种很重要的正面心理暗示，当内心得到不断暗示时，自信心潜移默化就树立起来了。	随时强化 1. 将"我行，我能行，我一定能行。""我是最好的，我是最棒的。"类似的激励语言，放在办公桌上、笔记本里、床边上，以及其他任何可以触及的地方。 2. 上课发言前、做事前，与人交往前，特别是遇到困难时要果断、反复地默念。 通过这种长期的自我积极暗示机制，鼓舞自己的斗志，增加心理力量。

第十项训练		
项目	内容	方法
优雅的体态语	**站姿** **坐姿** **走姿** 人与人交流时也常常会借助于各种姿态，比如，站姿、坐姿、走姿等表露感情。这说明身体语言作为一种无声的语言，在销售中有重要作用	1. 站姿 （1）站姿基本要领：挺、直、高。 ❖ 头正，颈挺直。双肩舒展，向下沉。 ❖ 收腹、立腰、提臀，两腿并拢，膝盖挺直，双臂自然放松 ❖ 女士四指并拢，虎口张开，将右手搭在左手上，拇指交叉，置于肚脐位置上；脚跟并拢，脚尖呈"V"字形分开。 ❖ 男士双手放到髋部两边，两脚分开，或呈"V"字形，且与肩保持同宽。 ❖ 小腿往后发力，人体的重心在前脚掌。 ❖ 站立时应保持面带微笑。 2）站姿自我训练 ❖ 贴墙站立：后脚跟、小腿、臀、双肩、后脑勺与墙保持紧贴，使身体上下处于一个平面，保持20分钟左右。 ❖ 背对背站立：两人一组，背对背站立，双方的小腿、臀部、双肩、后脑勺都贴紧。每人的小腿之间夹一张小纸片，不能让其掉下，保持20分钟左右。 ❖ 站姿训练时，若可配上悠扬、欢乐的音乐以调整心境，效果更佳。 2. 坐姿 坐姿的基本要领：端正、大方、自然、稳重 ❖ 入座时要轻而稳，走到座位前，转身后，轻稳地坐下。女子入座时，若是裙装，应用手将裙稍稍拢一下。 ❖ 坐下之后，上身保持像站姿一样的基本姿势，下身双膝并拢，两脚平行，双脚可正放或侧放，但脚尖方向一致。 ❖ 双手自然弯曲，放在膝盖或大腿上。如果座位两边有扶手，男士可将双手分别搭在扶手上，女士只搭一边扶手，以显示高雅。 ❖ 若坐的时间较长，可适当调整姿势，双脚并拢或交叠，切记女士双膝任何时候都应并拢。 ❖ 起立时，双脚往回收半步，上身保持直立状态，用小腿的力量，将身体支起，避免用双手直接撑起。 坐姿自我训练。

续表

第十项训练		
项目	内容	方法
优雅的体态语	**站姿** **坐姿** **走姿** 人与人交流时也常常会借助于各种姿态，比如，站姿、坐姿、走姿等表露感情。这说明身体语言作为一种无声的语言，在销售中有重要作用	❖　练习坐姿：重点强调上身挺直，双膝紧闭，将一张小纸片夹在双膝间，从始至终保持不要掉下来。分别用椅子、沙发等高低不同的方式练习，训练时，也可营造不同交谈气氛，以增强适应性。 3. 走姿 ❖　走姿的基本要领：与站姿、坐姿不同，走姿属动态美，要求协调稳健，轻松敏捷。 ❖　以站姿为基础，面带微笑，眼睛平视，双肩平稳，双臂前后有节奏地摆动，摆幅以30°～35°为宜。 ❖　开始行走，重心稍前倾，左右脚重心反复地前后交替，使身体向前移，两只脚两侧行走的线迹为一条直线。 ❖　步幅要适当。一般应该是前脚的脚跟与后脚的脚尖相距为一脚长，但因性别身高不同会有一定差异。着装不同，步幅也不同。如女士穿裙装和穿高跟鞋时步幅应小些，穿长裤时可大些。 ❖　跨出的步子应是脚跟先着地，膝盖不能弯曲，脚腕和膝盖不可过于僵直，要灵活，富于弹性。 走姿自我训练 ❖　走直线：在地上画一直线，行走时双脚内侧稍稍碰到这条线，即证明走路时两只脚几乎是平行的。配上节奏明快的音乐，训练行走时的节奏感。强调眼睛平视，不能往地上看，收腹、挺胸、面带微笑，充满自信和友善。 ❖　顶书而行：这是为了纠正走路时摆头晃脑的毛病，而保持在行走时头正、颈直的训练。 ❖　运用道具：例如背小包、拿文件夹、公文包、穿旗袍时的行走。